漢代玉雕綜論

劉嶔琦 LIU Chin Chi、方勝利 FANG Sheng Lih｜著

目錄

作者介紹

劉嶔琦 LIU Chin Chi
台北醫學大學牙醫畢，一名專業的牙醫師，也是古玉的愛好者與收藏家，現為「魚尾軒」主人。著有《唐代玉雕綜論》、《中華高古玉雕綜論》、《六朝玉雕綜論》等書。

方勝利 FANG Sheng Lih
國立海洋大學海洋學系地質組畢業，法國巴黎大學地質沉積學研究所博士班，中華文物瓷器玉器收藏者。
著有《元青花瓷與釉裡紅瓷綜論》，並與劉嶔琦先生共同著作出版《唐代玉雕綜論》、《六朝玉雕綜論》等書。

作者序

漢代玉雕，上承春秋戰國，從二維平面雕刻進展到三維立體雕刻，從靜態感進展到動態感，在兩漢（西漢加東漢）長達四百多年的時間裡，玉雕的數量和總類都相當可觀。其水準、雕刻的精緻細膩、文化內涵的豐富、整體氣度的的磅礡，已達玉雕藝術之美的最高境界。就以本書中所列幾個朝代的玉觥為例作為比較。漢代玉觥外形曲線優雅，格局沉靜，以朱雀為底座，上為觥杯，觥杯左右各雕有一螭龍，攀著於觥杯沿。觥身雕有連雲紋，紋飾曲線優美，深淺分明，代表雕刻師傅的美感與自信，亦可表現出當時的文化，對書法、線條的美感成熟度。觥身曲線的弧度、觥沿口勾曲度相應出朱雀的身型與連雲紋的線條，形成立體曲線、糾結的空間美感。這種整體的線條美，後代已無法比擬，就如唐代牛角杯（重視其實用性）。

宋代玉觥（想仿漢代玉觥，但美感度已缺失），看清代玉觥，可知清代對玉雕藝術已盡失。幾個朝代玉觥的比較，就明顯知道何謂曲線之美。這種美是內心的美感、修養、熱誠所表現出的藝術，再直接的反應在每個朝代的文物上，漢代玉觥、朱雀底座、嘴型尖勾兇猛，身形穩重且有霸氣，尾部的曲線優美有力，這也是漢代藝術家對於美的掌握與自信，才能表現出朱雀的氣與度（這種氣很難描述，就如東方哲學）。就「朱雀」在漢代社會、心理、文化上與長生不老信仰、羽化成仙的觀念、陰陽學說有著相當大的關聯。

在長沙馬王堆的「丅」形帛畫中，位於南天門下方有一朱雀，此一朱雀連接天門與人世之間，可作為羽化升天的坐騎，代表駕鶴西歸，成仙得道的瑞獸。朱雀（東龍、西虎、南鳳、北龜）代表南方，南方於天上即仙界（而非今日地球方位的南方）。帛畫上天界左右各畫一龍，如觥上的左右螭龍，此件觥與「丅」形帛畫的仙界，此種信仰對於兩者（漢代觥與帛畫）似乎有相互輝映之妙。而觥內部即為瓊漿玉液，飲此液即可成仙得道，長生不老。漢代玉雕承續早期的神仙思想、道教思想，以及漢初即已陸續傳入的佛教思想，此豐富的文化底蘊形成了漢代玉雕在數量及種類皆非常多與精采。本書揀選了作者數十年的漢代玉雕收藏，整理成書。希望專家、學者們多多指教。

劉巘琦 LIU Chin Chi

漢代印記

虎符、印記

No.001

青玉「禪主云亭」 印章與印盒

（印盒）【長 21.0cm；寬 11.0cm；高 6.5cm】
（印章）【長 13.0cm；寬 8.5cm；厚 2.5cm】

　　由青玉雕刻而成的一印盒，盒內一印章，印盒有 S 型龍的雙把柄，盒蓋飾以朱雀及雙 S 龍，朱雀與西漢長沙馬王堆之銘旌上之玄圃與華蓋之下的神鳥相似，似乎此神鳥為引帶主人往天庭之路。盒邊雕以獸面紋與雲紋。印紐上的紋飾為奔跑的貞人。印文為「禪主云亭」小篆四字。「禪」即封禪，祭拜天地的封禪大典。「主」即宗主，是「泰岱」，即「泰山」。「云」即「雲山」，亭即「亭山」。祭天的儀式叫做「封」，封都在泰山舉行[1]。祭地的儀式叫做「禪」。禪在泰山腳下的雲山和亭山舉行[2]。

　　全器有明顯的土沁與青玉紅化現象。本器與接下來的三件器物分析顯現，歷代封禪的皇帝有七位[3]。從紋飾來看，本器應為漢武帝或漢光武帝之物。又從印上的人物紋飾來判斷，應為東漢之風格，所以應為東漢光武帝時之物。

---

1 台北故宮博物院藏有唐玄宗 (公元 713 年～公元 755 年) 於開元 13 年 (公元 725 年) 所獻的玉 (大理石) 牒書，因此唐玄宗及其之後，已無"封祭"。漢朝有人將"封祭"解釋成，使用「金泥銀繩」或「石泥金繩」，纏紮，再「封以印璽」，發展到後來，就用玉牒書埋在泰山之下。所以本器應在唐玄宗之前。

2 千字文是中國舊時學童啟蒙讀本，為南朝周興嗣為方便梁武帝學習東晉王羲之 (公元 321 ～公元 379) 之書法，而集王羲之遺書不同的字一千個成文，故稱「千字文」。千字文中有「禪主云亭」之字。"云"字本無"雨"字頭。後來被加了"雨"字頭。王羲之的千字文中的"禪主雲亭"的"雲"，即已加了"雨"字頭，顯然本器應為南朝王羲之之前的器物。

3 歷代封禪有七位，即秦始皇、漢武帝 (劉徹)、漢光武帝 (劉秀)、唐玄宗、宋真宗、唐高宗、以及唐武則天 (封禪於嵩山)。從"禪主云亭"印上之人物紋飾，應為東漢之風格。所以應為東漢光武帝時之物。

No.002

漢青玉「乾義得」 印與長方盒

【長 14.8cm；寬 8.7cm；高 12.0cm】

　　由青玉雕刻而成的印與盒，盒蓋飾四方虎紋。盒身飾以迴紋、柿紋（此為漢朝常用之紋飾）。夔鳳紋與底部夔龍紋。印文為「得」、「義」、「乾」三字。「得」與「乾」印上雕有穿雲螭龍紋。「義」印上之雕飾為鷹嘴、熊身紋的方相氏。全器有土沁及青玉紅化現象。「乾義得」意為乾坤天下，足義理及德義而得到，以此祭告天神。

No.003

漢青玉「言安定」 印章與印盒

【長 18cm；寬 6.4cm；高 9.5cm】

由青玉雕刻而成的印與盒，外盒為圓弧形，約為圓的九分之一。盒頂飾以鳳紋，盒外沿壁飾以三角形紋、天穹紋與獸面紋。盒內沿壁與兩端，則為天穹紋與三角形紋。盒內有三印，印文為「言安定」三字。「言」與「定」上飾以深浮雕的鳥紋。中間為「安」字印，印上飾以鷹嘴熊身紋的方相氏。全器有土沁及青玉紅化現象，以及再生結晶現象。

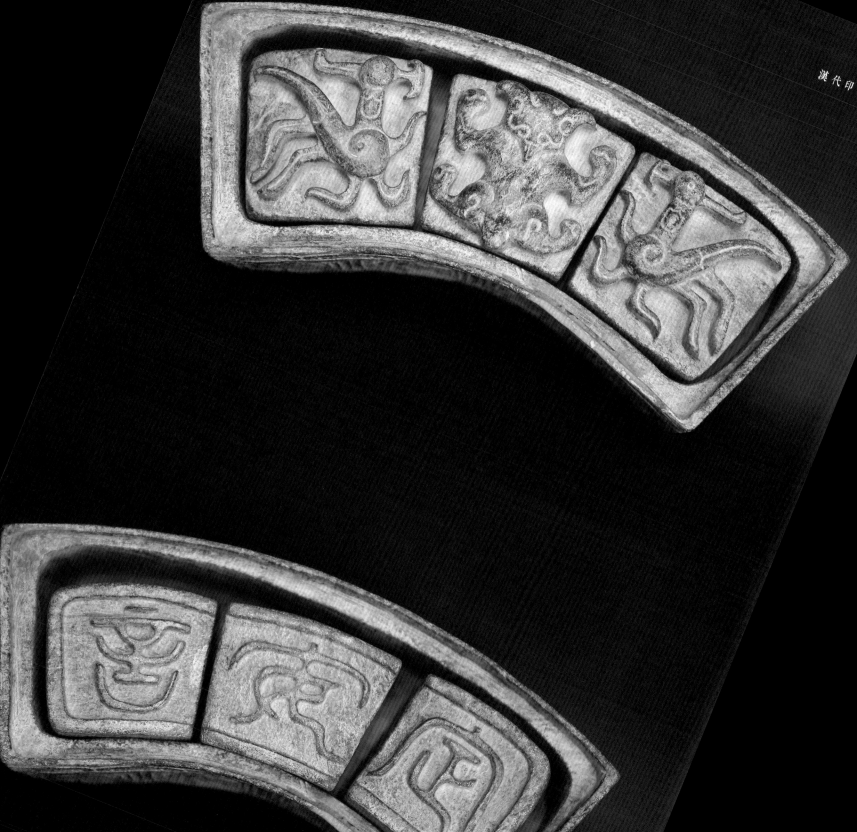

No.004

漢青玉「三分投克有切」 劍璜（劍格）形印與盒

【長 21.0cm；寬 7.0cm；高 11.0cm】

　　以青玉雕刻而成的印與盒，外盒蓋飾以雙虎與獸面紋。盒外沿，迴紋、雲紋、夔龍紋、獸面紋、羊首紋。盒內三印，印紋為「三分」、「投克」、「友切」。「三分」與「友切」印上雕有深浮雕之螭龍紋。中間為「投克」，在印文上方，其紋飾雕刻為鷹嘴、熊身紋的方相氏。全器有土沁及青玉紅化現象。

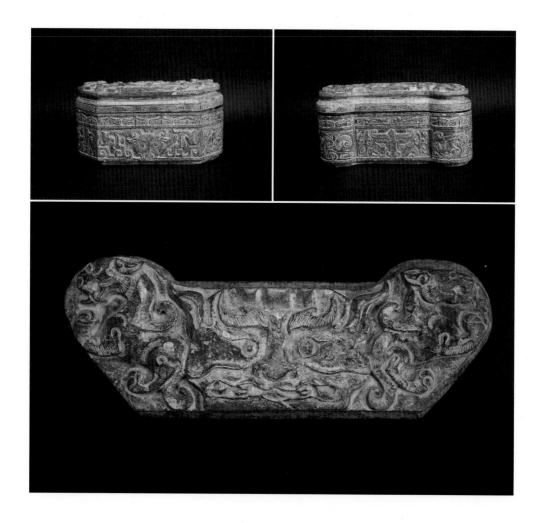

No.005

秦白玉虎符

【14.2cm；寬 6.8cm；厚 1.5*2cm】

　　軍隊是秦國稱霸群雄的基礎，而秦始皇則是掌握了整個國家的軍事大權。虎符有玉虎符、銅虎符等不同的材質，但功能則是一樣，是拿來調遣軍隊的信物。如本圖的玉虎符，從頭尾正中分成左右兩半，皇帝執半符，將軍執另一半符，調兵時，皇帝派人將半符送到戰場與將軍的另一半符，符合唯一，才證實為真，而下達命令，讓軍隊可以行動。

　　本件玉虎符，一半刻有「甲兵之符右才（在）」，另一半刻有「皇帝左才（在）陽陵」，正中分開部分，有陽刻與陰刻的「T」字形，作為符合之用。全器有明顯的褐色土沁，有部分被浸蝕及殘留沉積物現象。

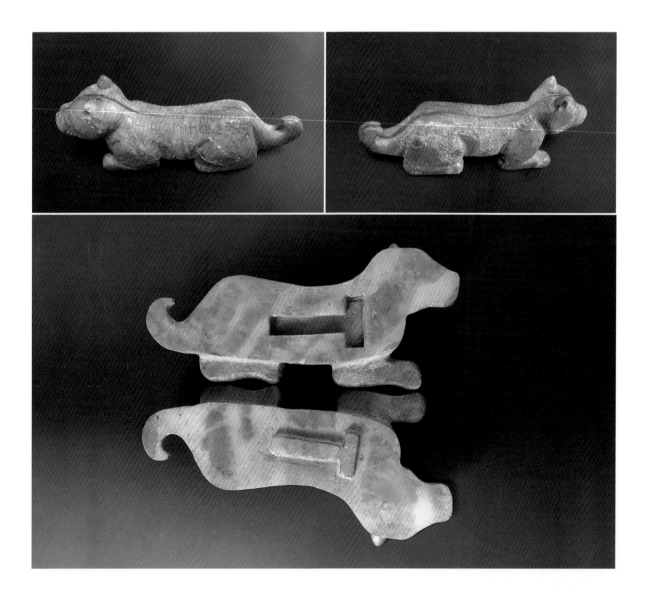

No.006

漢代白玉「淮陰侯之令韓信」玉牌令符

【長 12.8cm；寬 7.7cm；厚 2.8cm】

　　由白玉雕刻而成的玉牌令符，以淺浮雕在令符外殼上方飾以雙龍。中間為一神鳥，再下方為獸面紋。另一面，一半陽刻，另一半陰刻，左右相反的字形，刻出「淮陰侯之令韓信」小篆七字。文字的兩旁飾有雙神獸紋。

　　韓信，淮陰人，是兩漢開國三傑之一，又與彭越、英布並稱為三大名將。蕭何譽為「國士無雙」，蒯徹譽為「功高無二，略不世出」。韓信是謀略家、戰術家、統帥和「謀略」派的軍事理略家。在中國歷史上以卓越用兵才能著稱，留下許多著名的戰例和策略。韓信在公元前 196 年逝世於長安，封爵齊王、楚王、淮陰侯。全器有土沁及雞骨白現象。

No.007

漢代白玉「度遼將軍令」玉牌令符

【長 13.0cm；寬 7.6cm；厚 3.5cm】

由白玉雕刻而成的玉牌令符，以淺浮雕在外上半部飾以虎紋。中間飾以左右雙鳥紋。下方飾以獸面紋。另一面，一半以陽刻，另一半以陰刻，左右相反的字形，刻出「度遼將軍令」小篆五字。文字的上方飾以卷龍紋，左右雙螭龍紋。昭帝元鳳年，以中郎將范明友為之，因度遼水而得名。全器有雞骨白現象及土沁。

No.008

漢代白玉「燕敬王之令劉澤」玉牌令符

【長 13.8cm；寬 7.8cm；厚 3.3cm】

由青白玉雕刻而成的玉牌令符，以淺浮雕在令符外殼上方飾以獸面紋，左右封併虎。下為十六道太陽光芒紋。更下方為大的獸面紋。另一面，一半陽刻，一半陰刻，左右相反的字形，刻出「燕敬王之令，劉澤」小篆七字。文字上方飾卷龍紋，兩旁飾雙龍紋。劉澤（？～公元前178年，即孝文帝前元 2 年癸亥）曾任官職為郎中，一直至將軍。稱號營陵侯，瑯琊王，燕王，卒後稱燕敬王，生時為呂雉的外甥女婿。全器有土沁及雞骨白現象。

No.009

漢代白玉紅化「燕敬王之令劉澤」玉牌令符 【長 11.5cm；寬 7.7cm；厚 2.0cm】

　　由白玉雕刻而成的玉牌令符，外部上方飾有獸面紋。正中有一「令」字。字下方，左右各飾一隻淺浮雕螭龍。玉牌內部刻出「燕敬王之令，劉澤」小篆七字。字旁飾有一勾龍紋。全器有白玉紅化現象和紫色壽衣沁。

No.010

漢代白玉「壺師將軍令」虎符

【長 15.0cm；寬 9.0cm；厚 2.0cm】

　　由白玉雕刻而成的虎符，外形刻以憨；厚之虎形。全身飾以淺浮雕 C 型連體紋。背部有一夔龍。虎符內部刻出「壺師將軍令」小篆五字。全器有白玉紅化現象與壽衣沁。

No.011

漢代青白玉「楚元王劉交之令」玉牌令符

【長 13.0cm；寬 7.5cm；厚 2.8cm】

由青白玉雕刻而成的玉牌令符，以淺浮雕在外上部飾一封併虎。中間飾以獸面紋及鋪首。下方飾以左右各一隻螭龍。另一面，一半以陽刻，另一半以陰刻，左右相反的字形，刻出「楚元王劉交之令」小篆七字。文字的左右各飾以一神獸。劉交字游，沛縣豐邑人，漢高祖劉邦之弟，被封為楚王，謚曰元王。劉交是荀子的學生，浮丘伯門下，他曾為詩經作傳注，號為「元王詩」，公元前 178 年逝世。全器有土沁及雞骨白現象。

No.012

漢代白玉「凌江將軍令」玉牌令符 【長 13.0cm；寬 7.6cm；厚 2.7cm】

由青白玉雕刻而成的玉牌令符，以淺浮雕在外上部飾以封併虎。中間飾以獸面紋及鋪首。下方飾左右各一隻螭龍。另一面，一半以陽刻，另一半以陰刻，左右相反的字形，刻出「凌江將軍令」小篆五字。文字的上方飾一似迦樓羅鳥神，左右各飾以一 S 龍，又有龍中龍，凌江號將軍為一雜號將軍名。全器有土沁及雞骨白現象。

No.013

漢代碧玉S型龍中龍珮

【長 14.2cm；寬 1.3cm；厚 0.8cm】

由碧玉雕刻而成的珮，呈S型，與「凌江將軍令」玉牌令符內之S型龍是相同的。S型龍中龍以龍頭為首，以鳳尾為S型龍的尾巴。中間刻以紐絲紋S型小龍，其兩旁則飾以雙陰刻S型雲紋及網格紋。全器有輕微的土沁。

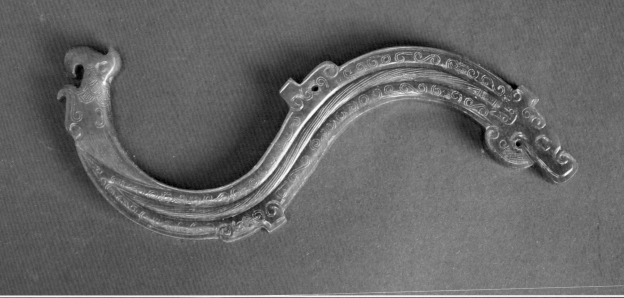

No.014

漢青玉戰牛（或神牛）玉雕

【長 15.5cm；寬 11.0cm；高 5.5cm】

以青玉雕刻而成的戰牛，雙腳以雲紋為飾。頭後有鬃毛，四肢腿部之鬃毛飾以雲紋。背部則飾連雲紋，腹部兩側有獸面紋。比較特別的是左右比較特別的是左右兩側各有兩條小龍紋，足以證明與「凌江將軍令」令符是同一時代之玉件。（「凌江將軍令」的文字的兩側之S龍有龍中龍的雕刻）全器有明顯的土沁。所有陰刻細紋以游絲雕工之雕法。

No.015

漢代白玉「平昌侯之令」玉牌符令 【長 13.6cm；寬 8.3cm；厚 3.0cm】

由白玉雕刻而成的玉牌令符，以淺浮雕在外上半部飾以雙龍紋。中間飾以獸面紋及鋪首。下方飾以神鳥紋。另一面，一半以陽刻，另一半以陰刻，左右相反的字形，刻出「平昌侯之令」小篆五字。字的左右飾以雙虎紋。漢文帝四年（公元前 176 年）封劉悼惠王子劉昂為平昌侯，置平昌侯國。平昌侯國國都在今山東商河西北。十六年（公元前 164 年）劉昂進封為膠西王，平昌侯國除。全器有土沁及雞骨白現象。

No.016

漢代青白玉「奮威大將軍令」玉牌令符

【長 12.7cm；寬 7.6cm；厚 2.8cm】

　　由青白玉雕刻而成的玉牌令符，以淺浮雕在令符外殼上方飾以雙龍。中間為一神鳥，再下方為獸面紋。另一面，一半陽刻，另一半陰刻，左右相反的字形，刻出「奮威大將軍令」小篆六字。文字的兩旁飾有雙 S 型龍中龍。

　　「奮威大將軍令」官名，為雜號將軍，西漢元帝置，掌帥軍征伐。劉信曾為奮威大將軍。全器有土沁及雞骨白現象。

No.017

漢代白玉「常勝大將軍令」
玉牌令符

【長 13.0cm；寬 7.9cm；厚 2.4cm】

由青白玉雕刻而成的玉牌令符，以淺浮雕在令符外殼上方飾獸面紋。下方飾一令字及雲紋。另一面，一半陽刻，另一半陰刻，左右相反的字形，刻出「常勝將軍令」小篆五字，文字的上方飾一卷龍，左右兩旁各飾一神獸。常勝將軍，應該是漢代的霍去病。全器有土沁及雞骨白現象。

No.018

漢代青白玉「伏波將軍令」
玉牌令符

【長 13.3cm；寬 7.3cm；厚 3.0cm】

　　由青白玉雕刻而成的玉牌令符，以淺浮雕在外上部飾以封併虎，中間飾以獸面紋及鋪首。下方飾以一方相氏，其兩旁各飾一神鳥（或鳳鳥）紋。另一面，一半以陽刻，另一半以陰刻，左右相反的字形，刻出「伏波將軍令」小篆五字。文字的上方飾一卷龍，文字的左右各飾以 S 型龍中龍。

　　「伏波將軍」字文淵，東漢扶風郡，茂陵縣人。生於公元前 14 年，死於公元 49 年，為一政治人物，著名軍事家。漢光武帝時拜為「伏波將軍」，封新息侯，世稱「馬伏波」。全器有土沁及雞骨白現象。

No.019

漢代青白玉「燕康王之令劉嘉」玉牌令符

【長 14.6cm；寬 7.2cm；厚 2.6cm，】

　　由青白玉雕刻而成的玉牌令符，以淺浮雕在外上半部飾以封併虎。下方中央，飾一方相氏，四周圍飾以各種神獸，如虎、鳳……等。另一面，一半以陽刻，另一半以陰刻，左右相反的字形，刻出「燕康王之令劉嘉」小篆七字。字的上方及左右各飾以卷龍。

　　燕康王劉嘉（？～公元前 152 年），西漢第六代燕王，父燕敬王劉澤。全器有土沁及雞骨白現象。

No.020

漢代白玉「楚漢王之令」玉牌令符 【長 13.6cm；寬 8.1cm；厚 2.6cm】

由白玉雕刻而成的玉牌令符，以淺浮雕在頂部刻飾雙龍朝日，中間刻老虎紋，下端中間為鋪首，下部左右為舞鳳紋。靈獸中間飾以漢時的雲氣紋。另一面，一半以陽刻，另一半以陰刻，左右相反的字形，刻出「楚漢王之令」小篆五字。楚漢王即楚降，應為王侯。全器有雞骨白現象及土沁。

No.021

漢代白玉「楚淮王之令劉文」玉牌令符

【長 13.6cm；寬 8.1cm；厚 2.6cm】

　　由白玉雕刻而成的玉牌令符，以淺浮雕在外上半部飾以虎紋。中間飾以左右雙鳥紋，下方飾以獸面紋。另一面，一半以陽刻，另一半以陰刻左右相反的字形，刻出「楚淮王之令劉文」小篆七字。文字的左右飾以九尾狐象徵祥獸。全器有雞骨白現象和土沁。

No.022

漢代青白玉「虎牙大將軍」玉牌令符 【長 15.7cm；寬 9.2cm；厚 2.7cm】

　　由青白玉雕刻而成的玉牌令符，以淺浮雕在外半部飾卷龍紋。另一面，一半以陽刻，另一半以陰刻，左右相反的字形，刻出「虎牙大將軍」小篆六字。字的兩邊，飾以雙螭龍紋。

　　東漢大將蓋延曾任虎牙大將軍。蓋延，安平侯，漁陽要陽人，建武十五年病死。秦時大將軍統帥數萬至數十萬人。將軍統帥數萬人。全器有土沁及雞骨白現象。

No.023

漢代白玉「虎牙將軍令」鹿形符令 【長12.5cm；寬12.0cm；厚2.0cm】

由白玉雕刻而成的鹿符，以淺浮雕在外半部鹿身上飾雲紋。另一面，一半以陽刻，另一半以陰刻，左右相反的字形，刻出「虎牙將軍令」小篆五字。「虎牙將軍」為漢及六朝時之將軍名稱。漢宣帝本始二年（公元前72年）始置。田順任虎牙將軍，掌征伐。全器有土沁及雞骨白現象。

No.024

漢代青白玉「楚思王之令劉衍」玉牌令符

【長 13.7cm；寬 7.1cm；厚 2.8cm】

　　由青白玉雕刻而成的玉牌令符，以淺浮雕在令符外殼上飾以獸面紋，左右封併虎。下為卷龍紋。另一面，一半以陽刻，另一半以陰刻，左右相反的字形，刻出「楚思王之令 劉衍」小篆七字。

　　劉衍（？～公元前 3 年）漢宣王第三子劉囂的次子，為平陸侯，因其兄劉文死後無子，公元前 23 年，襲兄爵，為漢楚王，在位二十一年，諡號思。全器有土沁及雞骨白現象。

No.025

漢代白玉「文成大將軍令」 鹿形符令

【長 16.5cm；寬 11.3cm；厚 2.9cm】

　　由青白玉雕刻而成的鹿符，以淺浮雕在令符外殼上方飾以雲紋。另一面，一半陽刻，另一半陰刻，左右相反的字形刻出「文成大將軍令」小篆六字。

　　文成大將軍，漢代將軍名號。文成即李少翁，西漢方士，齊人。以召神劾鬼術，受漢武帝寵信。曾為武帝召王夫神，拜為文成將軍，後術敗被誅。漢班固《西都賦》有云「聘文成之丕誕，馳五利之所形」。全器有土沁及雞骨白現象。

No.026

漢代青白玉「安眾將軍符」兔符 【長 15.3cm；寬 8.0cm；厚 2.6cm】

　　由青白玉雕刻而成的兔形臥姿玉符，身上以淺浮雕飾一戴羽冠，身上有翼的神人。兔尾從一神獸頭的嘴部凸出。兩半兔符，一半以陽刻，另一半以陰刻，左右相反的字形，刻出「安眾將軍符」小篆五字。「安眾將軍」為漢時將軍名稱。全器有土沁及雞骨白現象。

No.027

漢代白玉「虎烈大將軍令」虎符

【長17.0cm；寬6.6cm；厚2.6cm】

　　由青白玉雕刻而成的虎形臥姿玉符，令符外殼虎形身上以淺浮雕飾有各式雲紋及回紋。兩半虎符，一半以陽刻，另一半以陰刻，左右相反的字形，刻出「虎烈大將軍令」小篆六字。「虎烈大將軍」為漢時雜號將軍。全器有土沁及雞骨白現象。

No.028

漢代青白玉「威震將軍令」虎符 【長 14.7cm；寬 8.8cm；厚 2.8cm】

由青白玉雕刻而成的虎符，以淺浮雕在外部
上飾以雲紋。另一面，一半以陽刻，另一半以陰
刻，左右相反的字形，刻出「威震將軍令」小篆
五字。漢代時有誰曾任「威震將軍」待查。全器
有土沁及雞骨白現象。

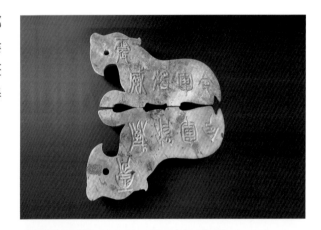

No.029

漢代白玉「東中郎將軍令」虎符

【長 15.3cm；寬 4.8cm；厚 3.0cm】

由白玉雕刻而成的兔型臥姿玉符，身上胸部以淺浮雕飾鳳紋，尾部飾虎紋，後腿部則刻以雲紋。兩半兔符，一半以陽刻，另一半以陰刻，左右相反的字形，刻出「東中郎將軍令」小篆六字。「東中郎將」，東漢靈帝始置，以董卓任此職。全器有雞骨白現象，以及局部有矽酸再結晶及土沁。

No.030

漢代白玉「齊孝王之令劉將閭」玉牌符令

【長 13.7cm；寬 6.8cm；厚 2.9cm】

由白玉雕刻而成的玉牌令符，以淺浮雕在令符外殼上飾以獸面紋，左右封併虎。下為卷龍紋。另一面，一半以陽刻，另一半以陰刻，左右相反的字形刻出「齊孝王之令劉將閭」小篆八字。劉將閭（？～公元前 154 年），其父齊悼惠王劉肥，是漢高帝劉邦的長子。開始，劉將閭被封為楊虛侯，公元前 165 年，其侄齊文王劉則死後，無後，公元前 164 年，漢文帝命劉將閭襄位。全器有雞骨白現象及土沁。

No.031

漢代白玉「荊王之令劉貫」馬符

【長 15.8cm；寬 8.0cm；厚 2.8cm】

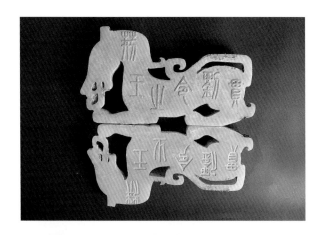

由白玉雕刻而成的馬符，身上以深淺浮雕飾以鳳紋、雲氣紋。兩半馬符，一半以陽刻，另一半以陰刻，左右相反的字形，刻出「荊王之令劉貫」小篆六字。劉貫為漢初時之諸侯王。全器有銅綠沁，銅製錦盒之殘物附著於令符之外側表面上。有再生結晶之現象及土沁。

No.032

漢代白玉「祈連大將軍令」虎符 【長 15.8cm；寬 8.0cm；厚 2.8cm】

由白玉雕刻而成的虎符，身上以淺浮雕飾
以雲紋。玉符本身為老虎，其腳踏在兩隻飛鳥之
上。兩半虎符，一半以陽刻，另一半以陰刻，左
右相反的字形，刻出「祈連大將軍令」小篆六字。
全器有明顯的銅綠沁及土沁。

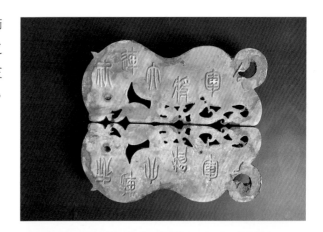

No.033

漢代白玉「梁王之令劉音」 帶龍角馬符

【長 13.0cm；寬 8.0cm；厚 3.0cm】

由白玉雕刻而成的帶龍角馬符，身上以淺浮雕飾以雲紋。兩半馬符，一半以陽刻，另一半以陰刻，左右相反的字形，刻出「梁王之令劉音」小篆六字。

東漢第十四任梁王劉音（公元 5 年～公元 10 年），梁國國除。本件馬符外殼有銅綠沁，全器有土沁。

No.034

漢代白玉「濟北成王之令」虎符

【長 13.0cm；寬 8.5cm；厚 3.0cm】

　　由白玉雕刻而成的虎符，身上以淺浮雕飾以
雲紋。兩半虎符，一半以陽刻，一半以陰刻，左
右相反的字形，刻出「濟北成王之令」小篆六字。

　　濟北成王劉寬（公元前 2 世紀～公元前 87
年），其父濟北成王劉胡在位 54 年。本器有明
顯的銅綠沁及土沁。

No.035

漢代「膠西于王之令劉端」瑞獸符 【長 14.0cm；寬 8.5cm；厚 2.5cm】

由白玉雕刻而成的瑞獸符，身上以淺浮雕飾以各式雲紋。兩半瑞獸符，一半以陽刻，另一半以陰刻左右相反的字形，刻出「膠西于王劉端」小篆六字。

劉端（公元前 165 年～公元前 107 年），是漢景帝劉啟之子，周亞夫平定七國之亂後，封膠西王。本瑞獸符有明顯的銅綠沁及土沁。

No.036

漢代白玉「淮陽王之令劉武」
獅獸符

【長 15.0cm；寬 9.0cm；厚 3.2cm】

　　由白玉雕刻而成的獅獸符，獅子身上以淺浮雕飾以各式雲紋。兩半獅獸符，一半以陽刻，另一半以陰刻，左右相反的字形，刻出「淮揚王之令劉武」小篆七字。

　　劉武（？～前 180 年）漢惠帝之子，生母不詳。劉弘登基，即「後少帝」劉武被封為壺關侯。五年（公元前 183 年）改封為淮陽王。本獅獸符有明顯的銅綠沁及土沁。可能是有記錄的西漢朝獅子。

No.037

戰國白玉楚國
「楚聲王華當之令」熊符

【長 17.0cm；寬 8.0cm；厚 2.3cm】

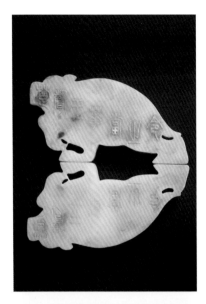

　　由白玉雕刻而成的令符，外型以熊為符形。外半部飾雲紋，較活潑、複雜。另一面，一半以陽刻，另一半以陰刻，左右相反的字形，刻出「楚聲王華當之令」小篆七字。楚聲王（？～西元前 402 年），華姓，熊氏，名當，又作楚桓王。東周時期楚國國君，楚簡王之子。（西元前 407 年～西元前 402 年），在位僅六年。在位時期，楚國社會動盪不安，國事積弊日深。楚聲王六年（公元前 402 年）楚聲王被「盜」所殺，其子熊疑繼位，是為楚悼王。由此令符與所有令符的比較研究發現，漢代的令符是源於劉邦的楚國。以雕刻的陰刻文字來說，楚國僅以砣具深刻，而漢時以游絲紋刀工先在文字的四周以連續壁之方式垂直鑽，產生字體的外圍紋邊，中間再以砣具垂直方式去除之。形成的溝紋，戰國與漢朝時的文字相較之下，漢朝的雕工較精緻、審慎與複雜。

No.038

漢代白玉「建義大將軍令」
駱駝令符

【長 16.5cm；寬 10.3cm；厚 2.0cm】

　　由白玉雕刻而成的駱駝令符，外形以駱駝代
替虎形。另一面，一半以陽刻，另一半以陰刻在
左右相反的字形，刻出「建義大將軍令」小篆六
字。東漢時朱祐為建義大將軍。「斗木獬」朱祐，
建義大將軍南洋侯。全器有紅色沁。

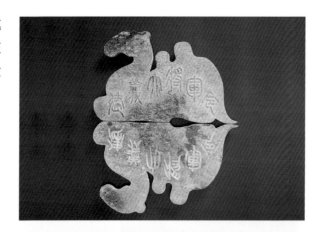

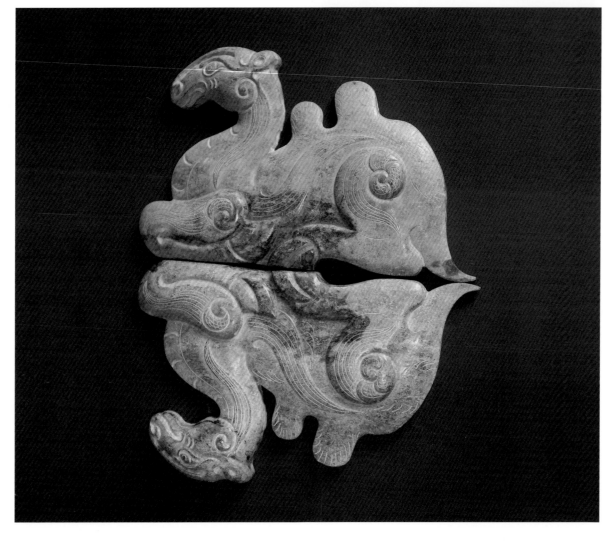

No.039

漢青白玉王莽時期廣陽王劉嘉令符【長12.8cm；寬8.5cm；厚2.4cm】

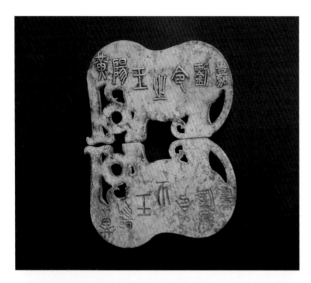

本件令符以象形呈現，象鼻捲一玉璧象徵太平有象的瑞獸。象身刻滿雲紋。背部左右各有一龍紋。此青白玉令符有石灰沁與壽衣沁。玉上充滿矽酸再生結晶。玉雕上刻「黃陽王」可能為玉工之筆誤。

王莽時期皆廢藩王改為家人，嘉獨以獻符命封扶美侯，賜姓王氏。……第四代廣陽王劉嘉在位十二年（公元前3年～公元9年）。《漢書王莽傳》云：「天下太平，五谷成熟」，太平有象，即天下太平，五穀豐登的意思。故吉祥圖案常畫象馱寶瓶。

No.040

三國白玉紅化「廣威大將軍」令符 【長 18.0cm；寬 6.0cm；厚 2.2cm】

由白玉雕刻而成的令符，外部刻有虎首，尾巴則刻以鳳首。其雕工為漢朝令符之風格。全身飾以雲紋。「廣威大將軍」為魏晉南北朝時雜號將軍之一。三國始置。全器有白玉紅化現象。

No.041

漢代白玉虎鈕「楚富廊印」

【長 15.0cm；寬 9.5cm；厚 9.3cm】

　由白玉雕刻而成的虎鈕玉印。以淺浮雕刻出陽文「楚富廊印」小篆四字。印体邊以銀鑲嵌雲紋與「示」字（意神），印体虎尾邊有一印為「光武 制」（漢光武帝劉秀在位 32 年；西元 25 年～西元 57 年）此印應為漢光武帝賜與楚富廊之物。全器有褐沁或水銀沁。

No.042

漢代白玉封併虎鈕「楚內史印」

【長 12.0cm；寬 9.3cm；厚 8.3cm】

　　由白玉雕刻而成的封併虎鈕玉印，以淺浮雕刻出陽文「楚內史印」小篆四字。印体邊以銀鑲嵌雲紋與字。「楚內史印」與「楚富廊印」同為虎鈕，虎可能為楚國的圖騰。虎應為少昊的西虎圖騰。封併（西宮白虎星座之第一星座為封併奎星）。戰國時期以天上二十八星宿某一星座來代表某一國家。全器有褐沁或水銀沁。

No.043

漢代碧玉螭龍鈕「平干王印」

【長 9.5cm；寬 7.5cm；厚 7.8cm】

由碧玉雕刻而成的螭龍鈕玉印，以淺浮雕刻出陽文「平干王印」小篆四字。印体四面為獸面紋。

劉元（？～西元前56年）西漢皇族，漢景帝曾孫，元鳳元年（西元前80年）劉偃為平干王。五鳳二年（西元前56年），因謁者被殺而連坐。死後封國。全器有風化現象與再生結晶。

No.044

漢代碧玉半球形印鈕鳥行紋印

【長9.5cm；寬7.5cm；厚7.8cm】

由碧玉雕刻而成的半球形印鈕玉印，由淺浮雕游絲紋的雕刻完成。半球形印鈕上雕有五螭龍。印文為四鳥形文字。印体前後飾有獸面紋，其左右亦各有二字鳥形文。

No.045

西漢白玉「武帝之璽」玉印

【長 17.5cm；寬 14.3cm；厚 12.0cm】

由白玉雕刻而成的玉印，印鈕為糾結之雙龍形，二龍相向雕於鈕的中心，龍身雕於外側，藉以保護較脆弱的龍舌、龍鬚之細雕部分，以免稍微碰觸即會碰裂。即使如此，兩千多年後的今天，玉雕上，尚有少許的斷落之處。龍鬚垂直相連於龍身，用來固定玉雕最脆弱之處，展現出龍身、龍牙、龍蛇、龍鬚等整體有力的結構。上方為一小長方形的三字小篆「武帝璽」。全器有明顯的土沁及白玉紅化現象。

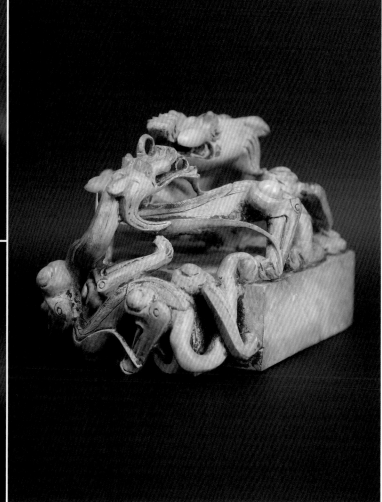

No.046

東漢青白玉「受命之寶」
莊園牌樓底印文

【長9.5cm；寬9.5cm；厚18.0cm】

　　莊園頂上的螭龍印鈕的印文為小篆「光」字。四周圍的莊園窗印，其螭龍鈕印文為四字小篆。屋簷飾以連雲紋。四方屋角飾以上方獸面紋，下方鳳紋。全器有土沁及青玉紅化現象。

　　東漢時，社會動盪，各地豪強普遍建立防禦性的軍事堡壘，儲藏糧倉。是漢朝重要的戰備設施。

No.047

漢青白玉「武威郡王」印 【長 10.0cm；寬 10.0cm；厚 25.0cm】

　　本印分為印鈕與印体。印鈕為巴蜀風格的蜀王跪坐像，頭戴長羽冠，刻有五格的眉間尺[1]。印文為「文成侯印」。印体為「武威郡王」，武威位於今甘肅省，自武帝時開始至唐所畫分的行政區。印体的四周，刻有許多印文，皆有漢武帝時的武將與官吏，例如「李廣」為漢武帝時的將軍（公元前 184～公元前 119 年），匈奴稱李廣為「漢之飛將軍」不敢入侵。

　　「李文」也是武帝時的將軍。李廣、李文與李江（也是將軍），此三人為三兄弟。「杜周」（？～公元前 95 年）漢武帝時任衛使大夫，以執法嚴酷著稱。「江充」漢武帝身邊的近臣，主要負責監督貴戚和近臣的言行。「李沮」（？～？）漢武帝第十七年（公元前 124 年）為強弩將軍，即防衛匈奴的大將。「王吉」為西漢官員，臨邛縣令（屬益州蜀郡）。司馬相如好友，成就司馬相如于卓文君一段佳話。此外的印文，還有王淮。

　　至於「文成侯印」的「文成侯」。應該是張良（？～公元前 189 年）。張良去世後，諡號「文成」，即「文成侯」。張良，字子房，與韓信、蕭何，並稱為漢初三傑。本印由沁色、皮殼來判斷為巴蜀地區出土的玉印，比較適合。

1. 眉間尺，即為量天尺，五格即是十天干，象徵著蜀王的通天權力。

No.048

西漢白玉宜子孫出廓璧

【長 35.7 ㎝；寬 19.5 ㎝；厚 0.7 ㎝】

　　出廓璧，璧為雙層璧，內層為漢景帝印。酬劉武梁孝王家族（子定為山陽王，子不識為濟陽王，子明為濟川王，子彭離為濟東王）的篆文。外層上為東龍，下為西虎，右為鳳，左為龜，是為四靈璧。出廓部分為「宜子孫」三字，四龍八鳳這些篆字都為漢時特殊的雕工用桯鑽，小孔連接成短線而成的字體。這些雕工字體的雕工亦都表現在令符的圖文，千年白玉變秋葵，此玉璧為秋葵色，出廓的部分，沁色為土沁，質變、風化嚴重。漢代印記，漢景帝印，可證此出廓璧為漢初的標準器。

漢代禮器

玉罐、酒尊、觥、鼎、豆、盌、燭台、油燈、薰爐、瓚罐

No.049

漢代白玉三連蓋罐

【高 24.0 ㎝；寬 24.0 ㎝；厚 10.5 ㎝】

中間直筒長罐，左右各一短罐，短罐下方雕有朱雀紋為底座，朱雀的尾翼雕成方形的卷雲紋，圍成三聯罐的底座。聯罐蓋各雕以立體的卷龍，卷龍底部鏤空，四腳支撐於罐蓋上，身體旋轉向上。腳的膝關節，形成珠形的雲卷紋，與武帝玉璽（本書中有圖像）交龍的雕法是一致的，可知二者的年代是相近的。身體以鳥羽紋為龍鱗紋，武帝玉璽亦同。龍角胖骨垂直向下，強而有力，亦與武帝玉璽相同，正面雕以鳳鳥紋，其兩側飾以獸面紋。側面兩端，下為朱雀，上為獸面紋（為商代風格）。

No.050

漢代白玉獸面人首戴通天冠冠弁雕件

【高 14.5 cm；寬 11.7 cm；厚 11.2 cm】

冠飾以獸面紋為展筒，遠遊冠[1] 前飾以朱雀紋，其上有十菱紋。龍首簪導從耳前穿過。獸面紋的髮辮與秦俑的髮辮相似，整齊有序。

1 遠遊冠為諸王所戴，制如通天冠，前有展筒橫之於前，而無山述。以朱雀紋為山述，故此件冠飾為通天冠。

No.051

漢代白玉遠遊冠

【高 9.0 cm；寬 6.0 cm；厚 4.8 cm；簪導（長）12.6cm】

漢代遠遊冠的樣式，只是不用山與述等裝飾。通天冠是皇帝專用的首服，在皇帝戴通天冠時，太子、朱王應戴遠遊冠。通天冠的級位僅次於冕冠的冠帽。此件遠遊冠有五樑，冠的兩側雕有卷雲紋，可能為實用器。

No.052

漢代灰白玉戴遠遊
冠跪坐人物雕像

【長 4.0 cm；寬 2.5 cm；高 8.6 cm】

　　以灰白玉刻成的人物像，
頭戴遠遊冠　。身穿立領右襟左
衽上衣，腰束帶，下穿長褲。
跪坐姿勢。左右雙手分置於左
右雙腿上。全器有土沁，縫隙
處有泥土沉積物。

1　遠遊冠係皇太子及王者后、帝之兄弟者服之。

No.053

漢代白玉戴遠遊
冠跪坐人物雕像

【長 3.1 cm；寬 2.8 cm；高 10.0 cm】

　　由白玉刻成的人物像，頭
戴遠遊冠，並以冠帶固定於脖
子。身穿左襟右衽上衣，腰束
帶，下穿長褲。跪坐姿勢。左
右手分置於左右雙腿上。全器
有土沁及白玉白化現象。

No.054

戰漢青白玉牛觥

【長 25.0 ㎝；寬 23.0 ㎝；高 9.0 ㎝】

　　牛尊觥，下為牛尊，上為觥，獸紋，觥以天祿獸為鈕，獸紋雕以紐絲狀的牛角。挺拔而奇特的尊體為掏空的奔牛，強壯而有力。四肢腿部飾以連雲紋，此為戰漢時瑞獸玉雕的特徵，代表著神獸，牛角捲曲紋飾與蓋上的牛角相同，皆呈紐絲狀。帶蓋的獸紋觥為商周時銅器，觥酒杯為最常見的實用器，演變成自漢代至宋、明清觥外型（缺獸紋蓋的觥外型）。本件玉牛觥全器有鐵鏽沁。

No.055

漢代白玉朱雀觥

【高 14.5 cm；寬 9.0 cm；高 6.5 cm】

　　觥的外形由商代銅器觥演變至戰國時的玉牛觥，基本外形未變（如上圖，觥的一式）。再演變至漢觥時，觥的獸紋蓋，已不具。此件漢代朱雀觥，應為西漢之物，以朱雀為觥足，正面向前，尾部卷起向上，形成穩定的外觀。觥口有一卷起的流口，朱雀上的觥口沿，左右各雕有一螭龍。漢代觥的外形曲度優雅，獸紋生動活潑，觥器面上的雲紋清晰靈活，此件觥可代表漢代器皿的風格。觥上有硃砂沁及鐵鏽沁。

No.056

宋代青玉羽人虎觥

【長 12.5 cm；寬 12.0 cm；高 6.0 cm】

　　宋代宣和銘文青玉觥（底部刻有「宣和御製」四字篆文）外形承襲漢代觥。兩者比較，宋代觥的曲度優雅略失，雲紋的雕工未有漢代觥的力道。但其設計性有其創意，觥底有一仙人扶觥，仙人腰部繫以紐絲紋繩，以及飾有捲起狀的羽紋（代表仙人）。頭部戴帽，仰首，雙眼注視著觥的流口，似乎不能錯失最後一滴不死靈藥。此一仙人活化宋代觥的內涵與風格。觥的後緣雕有一虎懸於觥壁上，虎首伸出觥口，虎視眈眈注視著觥內的瓊漿玉液。此一宋觥的設計之美與漢代的玉觥的曲度之美各有所勝，再延至明清觥，既無漢代曲度之美，又缺宋代設計之美，只留下玉質之美。本件宋代虎觥有水銀沁、釘金沁。

No.057

戰漢白玉辟邪獸酒尊

【高 13.0 cm；寬 10.0 cm；高 6.0 cm】

　　此一酒尊應是仿青銅器之酒尊，尊杯淺底，只能作代表性的器皿。酒尊底為一雙角及雙翼的辟邪獸，背部雕有一方形杯，杯後一跪坐的人。全器曲度製作嚴謹，較屬於戰國風格。方形酒杯兩側雕有淺浮雕的鳳首蟠螭紋（幾何紋），本件有硃砂沁及鐵鏽沁。

No.058

漢代青白玉「光武御製」鴨尊

【長 19.0 ㎝；寬 6.5 ㎝；高 6.8 ㎝】

鴨尊上有幼鴨鈕，形成母鴨背幼鴨的母愛場面。鴨有耳朵，尾部下方有印文小篆四字「光武御製」，可斷代為東漢初之物。

No.059

漢至六朝青白玉酒尊

【長 23.0 cm；寬 21.0 cm；高 6.0 cm】

　　長方形酒尊，以辟邪獸的
背上方為座。辟邪獸飛翼向上，
身體兩側雕以雲紋。吐舌、頭
上雙角，胸前貼以一小獸。尊
身前後有三羽人，兩朱雀。尊
身兩側雕以獸面紋與龍紋。羽
人為人首，吹牛角。（漢代的
羽人多為大耳羽人）。二者不
同。全器有石灰沁、朱砂沁與
銅綠沁。

No.060

漢代白玉三足罐

【長 27.0 cm；寬 16.0 cm；高 11.5 cm】

　　罐蓋以盤旋的螭龍為鈕，蓋身飾以一圈羽紋。罐身兩側
飾以獸紋、吐雲氣紋。罐身二正面共五隻螭龍，其中一面三
首，另一面三尾，共五首五尾。底有三獸首三獸足。全器有
粉紅色的朱砂沁。

No.061

戰漢黃玉禮器高足豆

【高 15.0 cm；寬 8.0 cm；高 8.0 cm】

　　本器分上蓋，下方高足皿，
上蓋有三鳥，蓋鈕四周圍有六
片柿葉紋，再圍以連雲紋。高
足皿上端雕有三螭龍，其下有
連雲紋，再下有八片柿葉紋。
蓋與皿的紋飾形成對稱紋飾，
鈕、柿葉、連雲紋。蓋上的鳥
紋代表陽，皿上的螭龍紋代表
陰，此符合戰漢時的陰陽學說。

1　《爾雅‧釋器》：瓦豆謂之登（燈），到西
　　漢時，燈的基本形制還跟豆差別不大。豆是
　　專門用來盛放醃菜、肉醬等調味品的器皿。

No.062

漢代青白玉罐

【長 12.0 cm；寬 12.0 cm；高 15.5 cm】

　　本罐分上蓋跟下皿，蓋以
人首獸身為鈕，其四周圍以四
隻羊。罐皿，以浮雕飾四人首
獸，二獸中間飾以淺浮雕獸面
紋，獸面紋的下方飾以四牛首
為罐足。罐身上，青白玉有褐
色沁、銅綠沁，而且黏著有紅
色朱砂。

No.063

漢代白玉四聯罐

【長 18.0 ㎝；寬 18.0 ㎝；高 22.0 ㎝】

本件四聯罐分蓋與皿。蓋以鏤空的雙螭龍為鈕，蓋沿雕以四鳳紋。皿四角雕以吐舌的虎紋，皿罐體的虎紋左右各雕以一矩形龍紋。蓋上的螭龍的雕法與「武帝玉璽」（見本書 p.53），有相同的雕工，四肢關節有珠形雲卷紋。為了造成龍身的動感，而去除螭龍下方大部份堅硬的玉質，這在玉雕方面而言，算是艱難的技術。本器有褐沁、土沁、石灰沁。

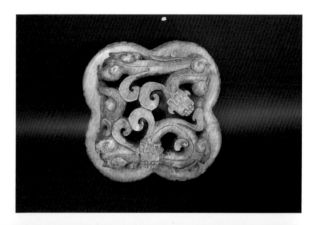

No.064

漢代青白玉雙耳三足罐

【長 19.0 ㎝；寬 19.0 ㎝；高 27.0 ㎝】

　　本雙耳罐，蓋以高足鏤空的螭龍為鈕。而且蓋飾以對稱的雙鳳紋。罐體以獸首吐瑞草為把手。罐體兩面各有一獸面紋，其雙側飾以鳳鳥紋。罐體有三足。

No.065

漢代白玉三耳三足罐

【長 31.0 ㎝；寬 31.0 ㎝；高 38.0 ㎝】

　　罐蓋頂以高足鏤空的螭龍為鈕，蓋邊飾以雙
鳳朝一獸面紋為一組的圖紋，共三組。罐體飾以
三虎紋為把手。罐體飾以雙龍朝獸面紋為一組的
圖紋，共三組。罐足飾以三對鳳紋。全器有土沁
與褐沁。罐體有三足。

No.066

漢代白玉三耳三足罐

【長 22.5 ㎝；寬 22.5 ㎝；高 30.0 ㎝】

　　罐蓋頂以高足鏤空的龍為鈕，蓋身飾以雲紋。三龍首為把。罐身飾以獸面紋三組。罐足飾以單足虎紋。全器有褐沁、土沁、石灰沁。

No.067

漢代青玉鼎

【長 23.0 ㎝；寬 15.5 ㎝；高 32.0 ㎝】

　　金色、褐色、沁色的金玉鼎，四角飾以七組的棱扉紋，應代表北斗七星。中間飾以四組的獸面紋，應是代表四方。鼎上端把手、四足與鼎身，三者為連接組合而成。本器沁色金碧輝煌、高雅大方，富有皇家之氣。本件應是仿商周銅器之形。

No.068

漢代青白玉蒸碗（實用器）

【長 9.5 ㎝；寬 9.5 ㎝；高 6.5 ㎝】

蒸碗上方的蓋，有一鈕。蓋頂內圈飾一柿葉紋，外有雙圈的連雲紋。碗身飾以雙圈的連雲紋。碗底內圈飾以紐絲紋。碗蓋內雕以一圓形的龍鳳紋。碗蓋上有四個蒸氣的氣孔，其周圍有沁色，可知在漢代時應為實用器。全器鈣化有矽酸再結晶。

No.069

漢代青玉豬形燭台

【長 12.0 ㎝；寬 7.0 ㎝；高 6.5 ㎝】

　　雕以吉祥紋的豬形雕件，兩側雕以牛角獸面紋，前為豬首面紋，後亦雕有一獸面紋。中間上方有管鑽鑽孔未透，中空可放置蠟燭。洞口上方兩側又雕以可穿孔的兩耳，作為懸吊用。此種懸吊方式常見於漢代的懸吊燈。本件肥胖的獸形亦常見於漢代的燈具中。全器有褐色沁。

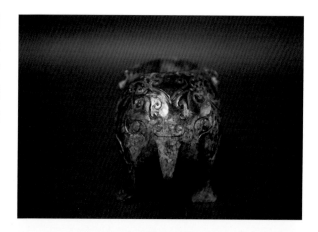

No.070

漢代青玉油燈

【長 15.0 ㎝；寬 13.0 ㎝；高 10.0 ㎝】

　　青玉油燈，把手雕以一跪姿胡人，雙手展開
扶大釭，頭部仰天，釭上有蓋，蓋上有五個柱狀
的突柱，柱上有孔，可穿以燈蕊。釭的兩側雕有
雙突出孔，可繫綁燈蓋來維持油燈的穩定，防燈
蓋的脫落。此件油燈設計精巧可實用，未見於其
他的文獻中。

No.071

漢代白玉薰爐

【長 17.0 cm；寬 8.5 cm；高 6.0 cm】

薰爐到了漢代是為其鼎盛的時候，不僅是生活的必需品，還是室內陳列的藝術品。墓主的地位越高，出土的薰爐的數量就愈多。最有名的為西漢武帝的博山爐（博山即是仙山的意思）。此件薰爐以漢代喜歡的熊與虎的題材雕刻而成。薰爐蓋上雕有一隻小虎，小虎側邊鑽有六小孔。本件以熊為握把可隨身移動。全器有褐色的釘金沁。

No.072

戰國青玉斗瓚

【長 25.5 cm；寬 4.0 cm；厚 3.0 cm】

斗瓚，是為祭祠的禮器。本件斗瓚柄首為虎首，而瓚柄為鏤空深浮雕的龍紋，無論此斗杓代表北斗或是太陽（因斗杓為圓形，像日）斗柄指向西方（西宮白虎），天下皆秋，代表著秋分的歸藏，若是圓形代表「日」，日纏東宮蒼龍，而與西宮白虎同在赤道的徑路上，亦是秋分祭典時的天象。所以此禮器應是祭典時使用的禮器。

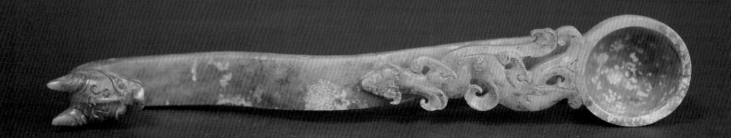

No.073

戰國白玉龍

【長 21.0 ㎝；寬 9.0 ㎝；厚 2.5 ㎝】

　　《周禮‧冬官考工記‧玉人》「天子用全，上公用龍，侯用瓚，伯用將」，古代祭祠中用來舀酒的玉勺。此玉龍角與虎首玉瓚的尾部為相同的圖案，（左右雲紋，上為日晷紋）是否與虎首瓚為相同的用途，即是「天子用全，上公用龍，侯用瓚」中的上公用龍，用來作為祭祠的禮器。

No.074

戰至漢青玉虎首玉瓚 [1]

【長 21.0 cm；寬 9.0 cm；厚 2.5 cm】

　　瓚為諸侯祭祠的酒器，此瓚虎首柄，中為盤形的器物。（天子用全，上公用龍，侯用瓚，伯用將）。鄭注說「祼之言，灌也。祼謂始獻酌奠也。瓚如盤，其柄有圭，有流前注。」虎首瓚柄為圓雕之握柄，中為盤狀之瓚，而特殊的尾部，左右雙雲紋（作者認為是大火心宿二）中為寶蓋形的日昇、日中、日落的日軌跡紋。此玉瓚有蓋，蓋上刻有柿葉紋。瓚如盤 [2]，盤上陰刻四方三環紋，四方有四個網紋，代表著春夏秋冬時的北斗七星、星晷紋。與虎首同方向的為酉門，對面有卯門圖案。另二為子午對線的二方格紋。三環紋，內環代表著北迴歸線，距離盤中心（北極）最近的一環也代表著夏至。中環代表著赤道環，也是代表著春分秋分。外環，離盤中心最遠的一環…代表著南迴歸線，也代表著冬至環。

1　據《故宮文物》月刊 vol.450，P.74，吳曉筠，文「爵與雀」，爵固其形態特徵像斗，又像勺，最初多被稱為勺，後林巳奈夫依據北宋聶崇義《三禮圖》，考釋為瓚。現在多將之稱為斗形爵，或如孫機（中國現代人）將之稱為瓚形爵。據漢代鄭玄對《儀禮·士虞禮》中記載的廢爵、足爵兩種爵的解釋，認為是爵有足、廢爵無足，提出三足爵為足爵，斗形爵為廢爵的說法。

2　所有故宮刊出之器皿，應皆為爵，高杯酒器、但本器的盤就如鄭注所說「瓚如盤」，故是否為瓚形爵，或者是三足爵或廢爵，尚待討論。

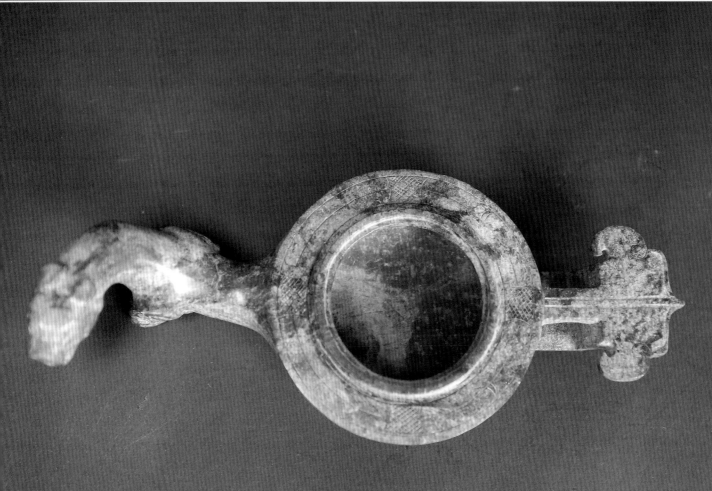

No.075

戰至漢白玉鳥首瓚

【長 31.0 cm；寬 25.5 cm；高 18.0 cm】

　　瓚形如盤，以盤龍為蓋，座為大盤，有三足，盤前鳳鳥為把手，以一人首為尾部，兩側以龍首吐瓊漿，但龍首無鑽孔，只有象徵意義，此盤為祭祠時的酒器，內裝瓊漿美酒。盤上飾有雙龍雙鳳紋。盤足有三，獸首四爪，鼎力於盤底。盤首為朱雀，代表著南方，盤尾為人首，應代表著北方的顓頊。所以此盤面也是有卯酉線與子午線，來代表此盤即是天穹。此盤應是祭天之禮器。

No.076

漢至六朝青玉瓚柄（祼圭）

【長 7.5 ㎝；寬 3.0 ㎝；厚 1.3 ㎝】

　　瓚，以圭為柄，黃金為勺，此青玉瓚柄[1] 為龍首，龍鼻樑有四咎紋，全器類似柄形器。龍首頂端有個橢圓形接頭，其頸部有一穿孔，可作為固定黃金的勺匙。全器有人體力學的設計，握柄則剛好為匙首，而非刀柄，若作為刀柄則太細小。全器外觀若似商代的柄形器。

　　「祼圭」名雖為圭，它並不是一件獨立器物，而是瓚的柄。玉人說：「祼圭，尺有二寸，有瓚，以祠廟。」鄭注說：「祼之言，灌也。祼謂始獻酌奠也。瓚如盤，其柄用圭，有流前注。」瓚就是盤形的器物。祼圭，是瓚的柄。周代在袷、禘先王實行九獻之禮，而祼祭是其先導，主要是起「降神」的功用。也就是引導神靈來到祭禮的場所接受祭獻。在袷、禘先王食用鬱鬯灌地以降神的儀節。

1　參考《中國古玉圖釋》一書，那志良 著；P.411。戰國白玉瓚（杓）龍首為柄的玉杓，龍柄有四龍鱗紋，應是代表日昝（圭）。玉瓚，祼圭為柄，黃金為杓，本器全為玉雕，應也是作為玉瓚使用。參考百度百科。玉瓚，古代禮器，為玉柄金勺，祼祭時用以酌香酒。（詩，小雅，早麓）：「瑟彼玉瓚，黃流在中。」毛傳「玉瓚，圭瓚也。」鄭玄「玉瓚之狀，以圭為柄，黃金為勺，青玉為外，朱中央矣。」孔穎達疏：「瑟瓚者器名，以圭為柄。圭以玉為之，指其體，謂之玉瓚。」

漢代瑞獸

牛、鳳鳥、熊、天祿、僻邪、巴
蜀龍、象、吉羊、犀牛、龍鳳珮、
龍雀、飛廉、鳩杖首

No.077

戰漢青白玉滇族雙虎獵牛玉雕

【長 22.0 ㎝；寬 10.0 ㎝；高 5.0 ㎝】

一虎咬牛的臀背，牛亦咬另一隻虎，呈現雙虎獵牛的戰況。牛腹背上左右各雕一龍一鳳（照片上為龍的一面）。全器有多處明顯的黃土沁，縫隙處有泥土沉積物。

No.078

戰漢青白玉滇族虎獵牛雕件

【長 22.0 ㎝；寬 10.0 ㎝；高 5.0 ㎝】

一虎咬牛的臀部，牛的腹下有一幼牛，似乎是虎獵幼牛，母牛夾以腹下予以保護幼牛狀。此件玉雕誇張地表現牛角呈螺旋狀。腹部挖空的空間雕有一小牛，且以獨特的表現手法來呈現母牛護幼牛的藝術技巧。此種造形的雕刻品亦見於滇族的青銅器。本器有土沁及局部的水銀沁。

No.079

漢代青白玉酋長獵牛玉雕件

【長 24.0 ㎝；寬 14.0 ㎝；高 6.7 ㎝】

　　酋長頭戴長羽冠，左手拿刺槍，右手執握
牛角，牛低頭頂撞酋長，互相角力。此三件（本
件與前兩件）滇族的玉雕與滇族青銅雕，都呈現
滇族對牛的特殊情感，似乎滇族是以牛為圖騰。
全器有黃土沁，縫隙處有泥土沉積物。

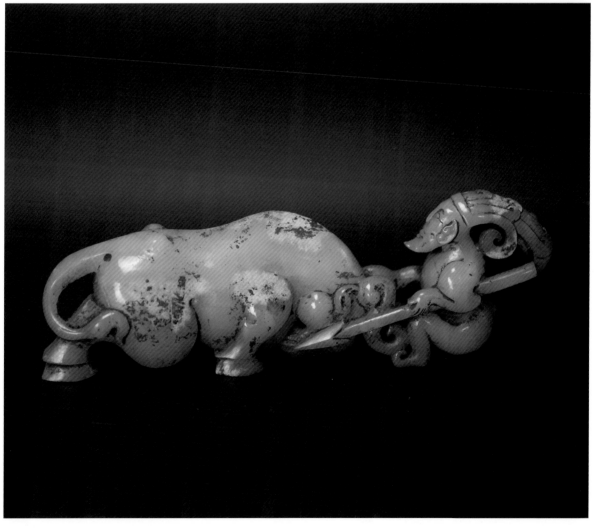

No.080

漢代白玉榆畜府鳳鳥玉雕

長 31.0 ㎝；寬 11.5 ㎝；高 8.0 ㎝

　　大件鳳鳥玉雕，腹尾部有雙印，一為「榆畜府」，一為「倉印」兩印中間有圓形的虎紋，應該也是圓形的虎形印。「榆畜府」與故宮博物院的兩漢官印的印文轉折排列極為相似，尤以「畜」字以八條橫線排列茂密，結字獨具巧思，使轉折處極富筆意。

　　「榆畜府」在秦封泥中發現有飼養禽獸的圈園，如具園、麋園，說明管理供宮廷使用的動物的專門機構，在秦代已經設立。玉雕的背部為鳥首，而鳳尾其上雕有獸面紋，此亦符合漢代時的陰陽學，鳥首為陽，鳳尾、獸面紋為陰。一物件上陰陽和協。全器有黃土沁，縫隙處有泥土沉積物。

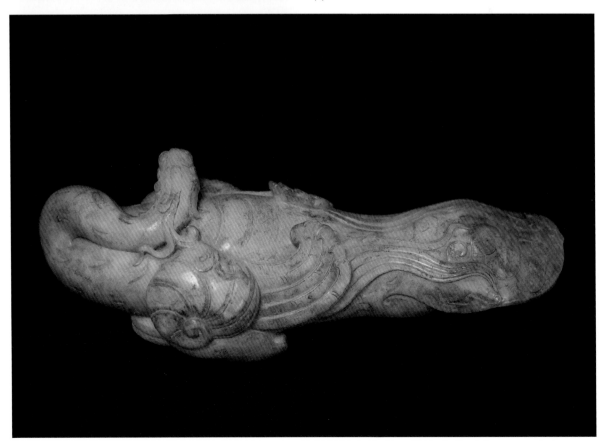

No.081

漢代白玉三熊基座及
白玉螭龍蓋銀碗

【高 16.5 cm；寬 10.5 cm；高 10.5 cm】

　　銀碗分三部分，即碗蓋、碗、基座共三層。
上層碗蓋雕以螭龍，螭龍頂鑲有一紅色寶石。碗
蓋、碗身、基座的銀器紋飾，雕有淺浮雕的龍紋、
虎紋、鳳紋、雲紋。底座有三隻站立的白玉母熊、
螭龍及母熊，皆有明顯土沁。

No.082

漢末至魏青玉
老土大紅方相氏熊

【長 15.5 ㎝；寬 13.5 ㎝；厚 7.0 ㎝】

本件方相氏雙手執掌於腰前，雙腳一前一後，全身雕以動態的走動狀。上身裸露、下穿短褲，全身肌肉糾結，肩部有火焰狀紋。整件雕刻充滿既有漢代雕刻的動與力，故作者把此件既有魏晉風格的方相氏，斷代為東漢末、魏初。

No.083

漢代白玉熊

【長 8.0 ㎝；寬 4.5 ㎝；厚 3.5 ㎝】

本件玉器為一走熊，與前面方相氏的雕刻及座熊的雕刻來比較，應為漢時，熊的雕刻方式。本器有石灰水沁、朱砂沁以及泥土附著物。

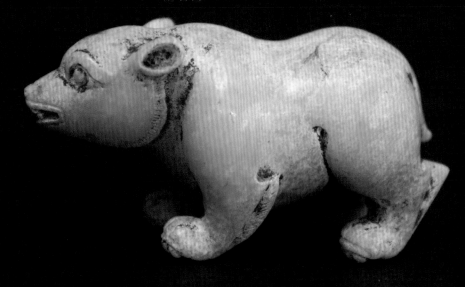

No.084

漢代白玉
天祿神獸

【長 8.0 ㎝；寬 4.5 ㎝；厚 3.5 ㎝】

天祿、麒麟和辟邪併稱為古代祭祠的三大神獸。天祿似鹿而長尾。一角為天祿，二角為辟邪，可攘除災難，永安百祿。古人把他們對置於墓前，既有祈護祠墓、冥宅永安之意。

No.085

漢代青白玉
辟邪獸

【長 7.0 cm；寬 4.5 cm；厚 3.3 cm】

此件辟邪完全表現出東漢時期辟邪獸的靈活感。辟邪頸部後伸，頭部斜望向前凝視，雕出了此辟邪獸伺機而動的動態感。全器有土沁，縫隙處有泥土沈積物。

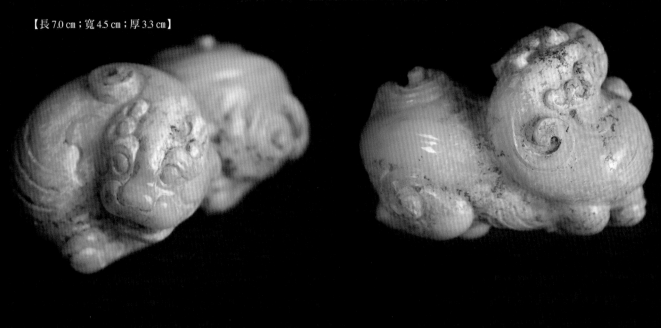

No.086

六朝青玉
火焰紋臥龍

【長 25.0 cm；寬 10.0 cm；厚 8.0 cm】

火焰紋為六朝時特殊的紋飾，在《六朝玉雕綜論》一書中，例如 p.114 的鎮墓獸即是。本件火焰紋臥龍的形式未曾見於學術報告中，長頸卷曲向前，全身飾以陰刻的火焰紋，龍首無角，有一束鬃毛貼於龍首後。此件作品明顯與漢代龍的形態有很大的差別，雕工粗大，無漢代玉龍雕工的精細。全器有褐色沁。

No.087

漢代白玉單角
天祿獸雕件

本玉雕飛翼緊貼於身，紐絲紋的尾部，嘴巴微張，小吐舌頭，此都為漢代瑞獸玉雕的風格。有局部的黃色土沁，縫隙處有泥土沈積物。

【長9.5 cm；寬6.0 cm；厚6.0 cm】

No.088

漢代青白玉
瑞獸背負螭龍

本件瑞獸牛角虎牙，獸身虎爪，背上背負著一隻螭龍，代表著祥獸獻瑞。這件青白玉瑞獸有飯糝沁，此為和闐玉的特徵。

【長10.5 cm；寬5.6 cm；厚3.5 cm】

No.089

漢代水晶
辟邪獸雕件

【長 20.0 cm；寬 14.0 cm；厚 7.0 cm】

多種漢代的辟邪獸，材質多元，保存下來的辟邪獸亦是最為多量的。可知辟邪獸在漢代是最為歡迎的吉祥物。本件水晶辟邪獸擺件，四肢有力，頸部粗壯向後挺立，扭轉側首，凝視左側方，雄糾有力，令人生畏。（頭部為四方形的雕刻，在辟邪獸中是極為少見的）。此件為難得一見的藝術品，水晶老化形成風化紋、冰裂紋，以及褐色老化。

No.090

漢代瑩光石
（夜明珠）
辟邪獸擺件

【長 9.2 cm；寬 6.0 cm；厚 2.2 cm】

瑩光石即為通稱之夜明珠，寶貴的夜明珠作為雕刻的材料，極為少見。以此體積的雕件，其夜明珠的體積超過 10 公分。瑩石的硬度為 4，能夠保存兩千年，其保存的環境應是相當乾燥。表面有風化現象及侵蝕小孔。以莫氏硬度而言，瑩（光）石為 4，高於方解石 3，石膏 2，滑石 1。而低於磷灰石 5，正長石 6，白玉或是軟玉 6～6.5，翡翠 6.5～7，石英、水晶 7，黃玉 8，剛玉 9。

黑暗無光時之相片

正常光時之相片

No.091

漢代灰白玉
辟邪獸

【長 40.0 cm；寬 27.0 cm；厚 14.0 cm】

典型漢代辟邪獸，本器體積大而穩重，在眾多漢代辟邪獸屬於超級巨大，應是皇宮內之擺件，全器佈滿鐵鏽沁、釘金沁、石灰沁。

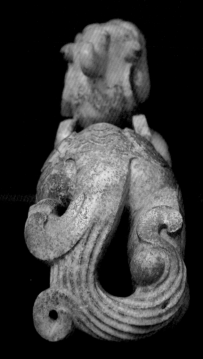

No.092

漢代青白玉
單角天祿獸

【長 6.0 cm；寬 3.5 cm；厚 2.5 cm】

漢代瑞獸中以天祿與辟邪獸為大宗。此件小型把件取於玉種好、雕工精緻，可隨身把玩，於尾部有一穿孔，可做繫繩用。漢代辟邪獸大件的作為擺件，中型的可作為擺件，又可把玩。小件的作品，作為漢代最為鍾愛的天祿辟邪，在市場上琳瑯滿目，本書所收集的只是其中的一小部分。

No.093

漢至六朝
青白玉辟邪獸

【高 15.0 cm；寬 13.0 cm；厚 5.5 cm】

本件辟邪獸，全身飾以淺浮雕雲紋，此為漢代特色的雲氣紋。頭上雙腳分叉的形態，常見於六朝。全器的紋飾相當穩重，有明顯的黃色土沁，縫隙處有泥土沉積物。

No.094

漢代青玉巴蜀文
化坐姿眉間尺龍

【高 21.0 cm；寬 10.0 cm；厚 5.5 cm】

本件坐姿眉間尺龍，前肢躍起，後肢支撐，形成蹲躍的姿態，優雅而有力。雙腳長而後卷，呈 S 形。雙眼的形態為巴蜀地區的特徵。龍首的頂部有一簡化的眉間尺。全器充滿矽酸再結晶。前肢與後肢關節處形成的珠形雲卷紋為漢代的特徵。

No.095

漢代青玉巴蜀文化巫師坐龍

【高 14.0 cm；寬 13.0 cm；厚 7.0 cm】

　　本件坐龍為巫師面相，眉間有鋸狀突起，俗稱眉間尺。眾多的巴蜀地區的人物雕像都屬於此種雕法。與「武威郡王」印（參見本書 p.56 圖像）之印鈕人物相同，都屬巴蜀文化。

　　該印的坐龍兩側胸前有圖騰與本件漢巴蜀巫師人首眉間尺（圖騰）是相似的。本坐龍的前肢關節形成的珠形的雲卷紋為漢代的象徵。本件玉種屬於地方玉，但含有硬玉（翡翠）成分。此坑坐龍七件，雕工各異不同於中原地區的坐龍。全器風化，表面呈現再生結晶。

No.096

漢代青玉巴蜀文化長翼眉間尺龍

【高 15.0 cm；寬 12.0 cm；厚 6.0 cm】

　　本件玉龍有雙長翼，頭頂有眉間尺，胸前有棱扉紋。龍的前肢與後肢關節處形成珠形的雲卷紋，此為漢代的特徵。長翼上刻有巴蜀的圖騰紋。全器有風化現象，表面呈現有矽酸再結晶。

No.097

漢代青玉巴蜀
文化長翼飛耳龍

【高 17.0 ㎝；寬 12.0 ㎝；厚 7.0 ㎝】

此龍的前肢與後肢的關節
處形成的珠形雲卷紋與「漢武
帝玉璽」中龍紋關節雕刻相同，
皆為漢代的特徵。全器有青玉
風化的現象。局部的地方可找
到矽酸再結晶。

No.098

漢代青玉巴蜀文化
犀牛角眉間尺龍

【高 17.0 ㎝；寬 13.0 ㎝；厚 7.5 ㎝】

本件眉間尺龍，身形矮胖，
單角如犀牛，而犀牛角雕成巴
蜀地區簡化的圖騰，如眉間尺。
雙翼向上，尾部向上，一副兇
猛可愛狀。腿部的肌肉飾以雲
紋。全身有風化現象。局部可
見矽酸再結晶。

No.099

漢代青白玉巴蜀
文化長頸龍

【高 19.0 ㎝；寬 12.0 ㎝；厚 6.5 ㎝】

　　本件長頸龍類似於荊楚青
銅器上的龍。吐舌長角之狀，
亦見於曾侯乙墓編磬的底座
龍。此件玉龍保有春秋戰國座
龍的風格。腿部有圖騰紋、飛
翼向上等特徵。全器有風化現
象。局部有矽酸再結晶。

No.100

漢代青玉巴蜀文化
眉間尺座龍燭台

【高 19.0 ㎝；寬 13.0 ㎝；厚 6.0 ㎝】

　　本座龍額頭中間有鋸齒狀
的眉間尺紋。雙長角後伸，中
間夾有一燭臺座，所以本器應
為燭臺座龍。關節處形成的珠
形雲卷紋，為漢代的特徵，眼
睛亦為典型的巴蜀文化特徵。
全器有風化現象，表面呈現有
矽酸再結晶。

No.101

漢代青玉大象雕件

【高 17.0 ㎝；寬 13.0 ㎝；厚 7.5 ㎝】

　　本件玉雕象的耳朵、眼睛都為漢代的風格，
比較特別的是象鼻雕以喇叭狀，似乎大象正在鳴
聲的狀態。本器有很明顯的褐色沁。

漢代瑞獸

No.102

漢代灰白玉大吉羊

【長 16.0 ㎝；寬 10.5 ㎝；厚 7.5 ㎝】

漢代大吉羊原產於西亞地區的盤羊，以卷曲的盤角大角羊來代表著大吉羊即大吉祥之意。此件臥跪回首嘴銜靈芝（其形狀為漢代特殊的樣式）。全器厚重，背脊部有矽酸與陽起石再生結晶，有褐色沁與水銀沁。

No.103

漢代白玉犀牛雕件

【長 17.5 cm；寬 9.0 cm；厚 6.5 cm】

　　白玉犀牛全器有水銀沁，外層舖滿外吐的玉器石灰質。漢代時把犀牛的稀有、罕見強壯，認為其帶有神靈感，所以把犀牛當為瑞獸。

No.104

漢至六朝青白玉辟邪獸首雕件

【長 15.0 cm；寬 12.0 cm；厚 8.0 cm】

　　本件辟邪獸首以大吉羊、犀牛角與獸首融合而成。六朝時流行鎮墓獸用，其溝通陰陽兩界的神器，即是鎮墓獸首的犀牛角。此件獸首是否作為鎮墓獸用，不得而知。但它以漢代特色的大吉羊與瑞獸，更是為鎮墓獸早期的樣式。全器有水銀沁、褐色沁與牛毛沁。

No.105

漢代白玉 S 形龍鳳珮 [1]

（上）【長 12.3cm；寬 4.3cm；厚 0.4cm】
（下）【長 9.3cm；寬 5.7cm；厚 0.4cm】

　　春秋戰國時期片狀的 S 龍玉雕是喜愛常見的玉雕，而 S 龍中，又以龍為主體點綴增加鳳鳥的布局，以增加 S 龍玉雕的活潑性，使得 S 龍玉雕與雙龍璜形玉雕更增添其靈動活潑。

　　這兩件同坑有戰國風格的漢代龍鳳玉珮，以龍為首，以鳳為尾。鳳首與龍頸部的雙卷曲茱萸紋飾為漢代的風格，龍體上的小圈紋，亦為漢時喜歡的紋飾。身體的卷曲曲線自然活潑，相較於戰國的龍形，較為剛直，有明顯的不同。此兩件玉珮上有土沁、石灰沁、銅綠沁及陽起石再結晶。

1　戰漢時龍鳳玉雕件的演變。龍鳳玉雕無論是從圖騰部落的聯姻，種族的融合，或者是陰陽的合和而形成的玉雕上的龍鳳珮，這種龍鳳組合，從周代以後都是中華民族喜歡的圖飾，尤其是春秋至漢代的千年間，時常出現的題材，通常以龍為主體，龍首鳳尾，鳳通常以配角存在龍鳳珮的玉雕上。這幾件漢代龍鳳玉雕，應可代表這個時代的龍鳳珮的藝術構圖。

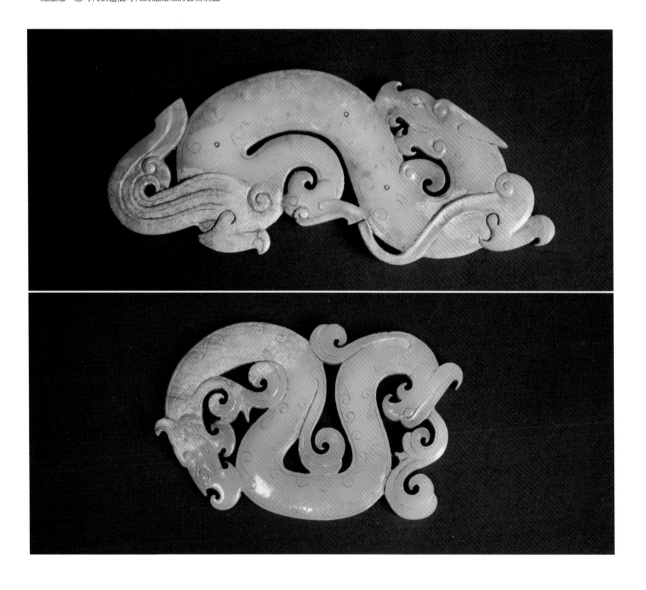

No.106

漢代白玉「懷遠大將軍」
龍鳳珮玉符

【長 16.5cm；寬 11.7cm；厚 4.1cm】

　　「懷遠大將軍」的名號職位，始於戰國漢代
以後沿置。懷遠的解釋為「安撫邊遠的人。」

　　《同書・武帝記下》若其懷遠以德，則爾難
以德綏，處隣以義，則爾難以義服。此件玉符，
龍首鳳尾，呈現S形太極紋，此件就是漢代風格，
龍為陰，鳥為陽，陰陽和合的太極紋。玉符有凸
紋的陽符與陰刻的陰符，兩者合為一體，為玉符
的重要憑證。此器鈣化嚴重，有壽衣沁。

漢代瑞獸

No.107

漢代白玉龍鳳雕件

【長 31.0cm；寬 7.5cm；厚 5.6cm】

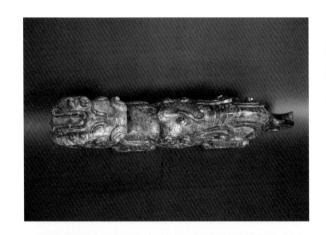

　　大器的長方體型玉雕，一端雕以反首的龍頭，另一端雕有棲息於尾部的鳳鳥，鳳頭與龍首相望。龍的四腿部雕有排列整齊的雲紋，此特徵為戰漢的玉雕。龍身的兩側面各雕有一龍（上方），一鳳（下方）。方形的龍尾亦常見於漢代的玉龍雕件。全器有黃色土沁及局部的水銀沁。

No.108

漢代青白玉漢八刀鳳首龍尾玉雕 【長 15.0cm；寬 10.0cm；厚 5.0cm】

　　玉鳳的圓雕極為稀少，此大件的玉鳳雕刻誠屬難得。鳳首，龍頭當作鳳尾，器物的外形有戰國銅雕的風格，但與其同坑的玉件漢八刀辟邪獸，刀法又是西漢的風格，就斷代而言，應屬西漢時期。龍鳳珮通常就是一佩件，為一吉祥珮，隨身攜帶，就是片狀玉雕。此件立體圓雕，鳳首、鳳尾又雕成龍首狀。鳳胸前雕一反曲鳳首，形成交首狀。

　　此種玉雕風格，常見於春秋戰國時期（單件玉雕難作斷代），就漢八刀而言，此件玉雕還是歸於西漢作品，就斷代依據，龍首上有明顯矽酸再結晶，全器有壽衣釘金沁，及點狀的褐色沁。

No.109

漢代青白玉龍鳳玉珮

【長 9.5cm；寬 8.0cm；厚 1.7cm】

　　螺旋紋立體雕的龍首鳳尾玉珮，此件立體雕有別於片狀的龍鳳珮，以雲紋雕於龍身，此雲紋規矩排列應歸於漢代風格。雖為龍鳳珮，亦是以龍為主，以鳳為輔，符合戰漢時的龍鳳珮。有紅沁與石灰沁。

No.110

漢代白玉玉梳

（上）【長 18.0cm；寬 5.0cm；厚 1.0cm】
（下）【長 10.8cm；寬 4.5cm；厚 0.5cm】

　　漢代玉梳龍首柄，弦月狀的梳背，漢代曾出土類似的玉梳，梳背上鏤空的雙鳥，弦月狀的梳背上為淺浮雕的穿雲螭龍紋。全器附著有朱砂。另一為明代青白玉玉梳，此玉梳基本形態為仿漢代的玉梳，但其龍首的形狀為典型的明代龍的形式。兩件作品各有其形態之美。一大氣（漢代玉梳），一秀氣（明代玉梳）。

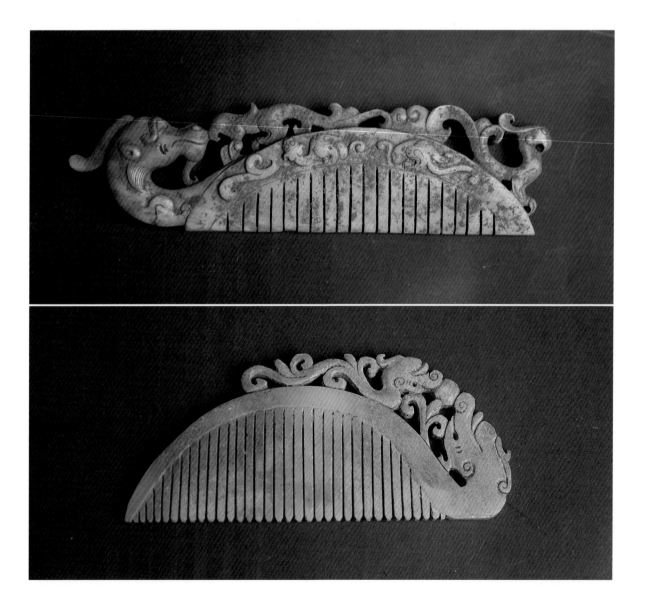

No.111

漢代青白玉龍雀尊 ¹

【長 23.0cm；寬 19.0cm；厚 9.0cm】

　　龍雀銜瑞草，小龍雀蓋。大龍雀底座。翅膀關節雕以珠形的螺旋紋，雕工與「武帝玉璽」（即漢武帝玉璽，參看本書 p.53）。大龍雀尊翅膀的關節雕有一卷龍。全器有土沁、局部紅色朱砂沁，縫隙處有泥土沉積物。

1　龍雀，鳳凰的一種，牠不像鳳凰的絢爛，但卻是鳳凰中最凶猛的。幼年時像普通的小鳥，成年後展開鋪天蓋地的飛翼。龍雀是秦漢時期神話傳說中的風神。
　　例如漢代青白玉龍雀尊（長 23.0cm）。及漢代青白玉龍雀玉雕（長 6.1cm）。都是符合當代傳說的雕刻品。飛廉，楚地亦有稱風伯為飛廉的，屈原《離騷》
　　有句「前坐舒使先驅兮，後飛廉使奔屬」。晉灼注飛廉曰：「鹿身，頭如雀，有角而蛇尾豹文。」。集解郭璞曰：「飛廉，龍雀也，鳥身鹿頭者」。例如：
　　漢末至六朝青白玉飛廉神獸（長 36.5cm）。本件為鹿首鳥身。以及漢代白玉飛廉神獸（長 17.0cm）。此件為鳥首鹿身。所以，飛廉神獸有如上兩種型態，
　　即鹿首鳥身與鳥首鹿身。綜合以上，龍雀與飛廉，諸多的型態已非常清楚。

No.112

漢末至六朝青白玉飛廉神獸 [1]

【長 36.5cm；寬 15.5cm；厚 5.5cm】

　　本件飛廉神獸為鹿首鳥身，胸前、頸背部及尾部雙側，各有淺浮雕字體，此為漢至六朝常見之習慣。飛廉風神亦是漢魏時期喜愛之神獸。全器有鐵鏽及銅綠沁。

1　飛廉神獸，有兩種不同的形態：（1）鹿首鳥身；（2）鳥首鹿身（有角、神尾、豹文）

No.113

漢代白玉龍雀杖首

【長 12.5cm；寬 4.0cm；厚 3.5cm】

　　本杖首為龍頭，頭上一角（茱萸紋飾），全身龍鱗紋，鳥翼、鳥尾，全器有褐色沁。此件杖首的大小與人工力學的握把相符，應為實用器。全器亦如漢時的鳩杖首[1]，只是鳥首為龍首的改變。或許亦是為求取龍雀的神威。

1　漢代時，朝廷令各縣每年秋天挨家挨戶查詢，凡是年滿七十歲的老人，授予玉杖一柄，有《後漢書·禮儀志》為證。「玉杖長九尺，端以鳩鳥為飾」，所以又稱「鳩杖」。據"《後漢書·禮儀志》:「鳩者，不噎之鳥，欲老人不噎」。

漢代青白玉
龍雀玉雕

【長6.1cm；寬5.2cm；厚5.0cm】

龍雀是鳳凰的一種，其描述外形通常與飛廉相通，但實際上由蒐集到的漢代古玉看來，龍雀的外形就是龍首雀身。此清楚的表達出，龍雀與飛廉的外形無關，再與上兩件飛廉的外形比較，確實有所不同。本件為螭龍首，雀鳥的羽翼外形。全器有褐色沁。

漢代白玉
飛廉神獸

【長17.0cm；寬6.5cm；厚4.0cm】

此件飛廉神獸為鳥首鹿身。頭上有鹿角，身上有飛翼、獸爪，有紐絲紋的尾部（代表蛇尾）。全器有褐色沁與石灰沁。

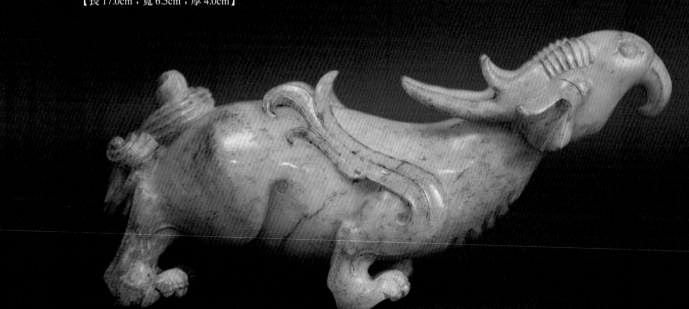

No.116

漢代白玉龍雀杖首

【長 21.5cm；寬 7.5cm；厚 4.0cm】

　　此杖首，龍首、鳳凰的羽翼，正如漢代時龍雀的描述，龍雀，鳳凰的一種，牠不像鳳凰的絢爛，但卻是鳳凰中最兇猛的。此件杖首卡榫太短，王杖太重，似乎不是作為杖首使用，應該是器物的擺飾、飾件。

No.117

漢代青玉鳩杖首

【長 10.5cm；寬 6.0cm；厚 2.8cm】

　　本件鳩杖首腹部有一深孔，作為接榫之用。杖首符合人工力學，剛好做為握把使用。所以它確為實用器的杖首。漢朝起源於南方，其文化最早起源於河姆渡與良渚，鳩鳥在良渚文化，代表太陽的圖騰，如良渚玉璧上的圖。

　　圖騰柱上的鳥，即為鳩鳥。此件玉雕上遺留良渚文化的內涵，鳩尾上雕了一圓形的太陽與玉璧上的鳩鳥同義，鳩鳥代表太陽。由此件玉雕皮殼風化的程度看來，應為南方出土的玉件。

No.118

漢代青玉杖首

【長 10.5cm；寬 8.2cm；厚 2.5cm】

1 據《道教逸事大全》記載，昔王子
喬離宮會浮生丘，靈王以其墜谷死
也，孰知三十年後得道，以大夫桓
良告景王，駕鶴吹笙，七日而飛昇。
今日的駕鶴西歸起源於王子喬成仙
得道的故事。

本杖首人首鳥尾，身穿大袍，雙手於前，雙足為鳥腳。
此人物應是漢代時王子喬　的形像。王子喬形像作為杖首供
七旬老翁使用，應有祈福與王子喬一樣，駕鶴西歸，成仙得
道。。這與戰漢時，無論君王或老百姓對於長生不老的祈盼。

No.119

漢代灰白玉
鳳鳥杖首

【長 14.5cm；寬 4.3cm；厚 2.7cm】

本件杖首雕鳥首鳳尾，握把符合人工力學，腹部雕有一
圓孔，應有銅作接頭，與木杖作為連結。此杖首上淺浮雕的
羽紋都以漢代玉雕打孔圓記方式來做為紋飾的定位。故此件
鳳鳥杖首可定為漢代玉雕。鳳鳥杖首，亦符合漢代人民成仙
得道、駕鶴西歸永生的期盼。

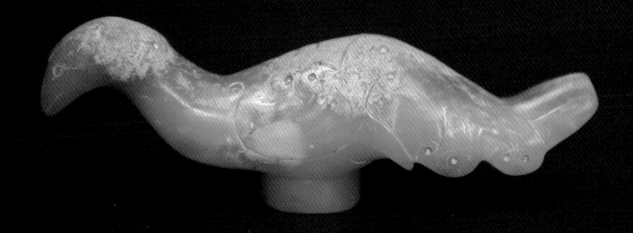

No.120

漢代青白玉
鳩杖首

【長 12.2cm；寬 5.7cm；厚 3.8cm】

　　本件鳩鳥型態的杖首，腹下一大孔，作卡榫，大孔的前方鑽有一洞，可做為固定杖柄之用。此件杖首符合人工力學，亦為實用器。玉種應為和闐玉，浸蝕風化嚴重，應為漢代南方楚國之物。

No.121

漢代青白
玉杖首

【長 7.5cm；寬 5.0cm；厚 2.5cm】

　　本杖首雛鳥首，鳥巢尾，雛鳥大眼睛為其特徵，後方為螺旋狀的鳥巢，結合起來作為杖首。腹部下方突出一圓形筒狀作為接頭，筒狀上，穿有二孔做為卡榫用。此件杖首玉雕應為實用器，作品風格活潑生動。

No.122

漢至魏青玉
鳩杖首

【長 8.9cm；寬 2.0cm；厚 3.5cm】

此杖首稍小，可能是陪葬品或是身材嬌小者所使用。腹下有一圓筒狀，筒上有對穿的兩孔，作為固定杖首使用。局部的地方有褐色沁。

No.123

漢代白玉
杖首

【長 9.5cm；寬 5.0cm；厚 2.5cm】

杖首上方雕一展翅欲飛之狀的鳳鳥，尾翼下垂向下貼於杖首，作為鏤空的銜接。鳳鳥雙腳立於杖首上，使得鳳鳥雕刻顯得生動有力。方形的玉杖柱下雕有小榫頭，作為銜接杖柄之用。鳳鳥嘴下方雕有一圓環，可作為綁繫流蘇。

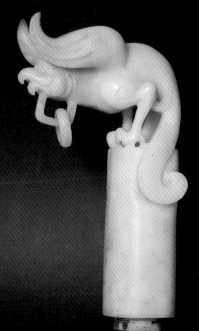

No.124

馬家窯白玉
與青玉杖首

【長 7.5cm；寬 2.6cm；厚 2.6cm】

本件杖首，上為白玉，下為青玉。純手工琢磨。沒有鉈具使用的痕跡。圖與其他馬家窯的玉件為同坑，故斷代為馬家窯。（請參考《中華高古玉雕綜論》一書，劉嶔琦 著）。此件玉雕應為鳩鳥的雛鳥。杖柄內淘空深約五公分的圓形孔，可作為木柄卡榫使用，與漢代的鳩杖首的卡榫（銅器配件）明顯不同。

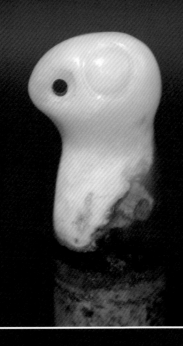

No.125

漢代青白玉
鳩杖首

【長 10.4cm；寬 6.0cm；厚 3.0cm】

本件鳩杖首形態的杖首，腹下一大孔作卡榫用。鳩鳥身上有淺浮雕的羽毛及鳥爪。此件杖首符合人工力學應為實用器。全器有浸蝕風化現象。

No.126

漢代青白玉踏燕飛馬雕件

【長 24.0cm；寬 18.0cm；厚 6.5cm】

　　本件全身以淺浮雕的連雲紋來代表此奔馬為神獸，四腳奔馳，左後腳踏於飛鳥之上，飛鳥受驚，回頭觀望。整件玉雕應是仿甘肅省博物館的青銅器「馬踏飛燕」（東漢，甘肅武威雷台社出土）。其大膽的構思，浪漫的手法，給人以驚心動魄之感，令人叫絕。

　　有人認為銅奔馬蹄下的那隻飛鳥是「龍雀」，「龍雀」是秦漢時期神話傳說當中的「神靈」，在歷史上幾經變異，它真正的形象確實無從查找。上述「馬踏飛燕」銅器，又名「馬起龍雀」。

No.127

漢代青白玉鳩杖首

【長 12.0cm；寬 4.8cm；厚 3.0cm】

　　此件鳩杖首，鳩身，女娃首，龍首為鳩尾。全器以身體力學的觀點，剛好適合為杖首。雕工為漢代工，最明顯的即以圓形打孔為雕工的標記。此杖首前為「抓髻娃娃」[1]，後為龍首，此結合的玉鳩杖首，應是祈福的功用。

1　「抓髻娃娃」為生命與繁衍之神，吉祥和幸福的象徵，最突出的功能是生殖、繁衍，其次才是驅鬼、辟邪、招魂等。她是母系氏族社會女性生殖崇拜的一種原始圖騰文化的遺存。原型可以追溯到古代歷史神話傳說人物女媧，頭梳雙髻。漢代楚國南方地區盛行祖先的傳說為伏羲和女媧。

漢代六禮

圭、璧、琮、璜、琥、璋（缺）

No.128

漢代平首青玉圭

【長 27.2 ㎝；寬 8.0 ㎝；高 1.0 ㎝】

本件平首圭有雙面對穿孔，孔內有圓形對錯，應為鐵器筒鑽形成。圭上有「五代五福」四字，以及連雲紋。周禮上所說的禮神之玉，除了祭祠四方之外，還加入了天地，合為六器。四神四帝之說本乎五行。五行的分配，東方，甲乙木，木色青，神是青龍，帝是青帝，祭祠用青圭。南方祭祠用赤璋，中央祭祠用黃琮，西方祭祠用白琥，北方祭祠用玄璜。

No.129

漢代青白玉龍

【長 19.5 ㎝；寬 3.8 ㎝；高 2.4 ㎝】

圓雕玉龍，誇張且強而有力的龍首是為漢代時的特徵。下巴凸而向前，舌頭卷起，上下尖牙，尖而內勾，刻劃成龍首的外形的力道。四足似鷹爪，腿部關節處雕以珠形雲卷紋（為戰至漢時的雕工）。身體兩側雕以飛翼，（此飛翼與六朝時明顯不同，六朝時，飛翼向上外展如欲飛狀。）

No.130

戰至漢白玉龍

【長28.5 cm；寬8.5 cm；高0.3 cm】

白玉龍雙面雕，銅綠沁，身體飾以淺浮雕的穀紋。以 S 形的身軀飾以方形迴捲的頭頸部。鬃毛與卷尾部形成強有力的玉雕。此精緻有力的雕工，應是戰國至西漢的禮器玉雕。龍為六器五行四神中的東方之神。東方，甲乙木，木色青，神是青龍，帝是青帝，祭祠用青圭，一片青色。

No.131

漢代白玉龍鳳
S 形紋玉雕件

【長22.5 cm；寬10.2 cm；高0.8 cm】

雕件乳丁紋，膏藥芝麻沁，全器土咬嚴重，龍首飾以方形的眼睛，是很少見的龍眼。全器大件，無鑽孔，是應作為祭祀用器。

No.132

春秋戰國青玉鎮圭

【長 23.0 ㎝；寬 10.0 ㎝；高 0.9 ㎝】

　　此鎮圭人首，方頭鑿子，長 23 公分，為漢代時一尺，周時一尺二寸為古尺的一尺。此鎮圭符合周禮祭祠時的鎮圭。周禮已記述鎮圭，與《考工記玉人》的記載「鎮圭尺有二寸，天子守之……。天子圭中必。」所以此件是鎮圭。天子圭中必[1]。參考《中國古玉圖釋》一書（那志良 著）p.92「六瑞中的鎮圭」、「杼上終葵首」句中，將其分開來講，「杼上」指圭的上端。「終葵」，方錐之形，有如現在木匠用的「鑿子」是方頭，而且頭削薄如刃。此件鎮圭，圭柄為商王像，圭中必（圭中有一穿孔）「杼上終葵首」（圭首削薄似刀刃）。

　　圭長二十三公分，都符合周禮春官大宗伯中提到的天子所用的鎮圭，圭背面刻有一璧，淺浮雕左右各為南宮穿雲朱雀紋，《堯典》記載「日中星鳥，以殷仲春。……日永星火，以正仲夏……宵中星虛，以殷仲秋，……日短星昴，以正仲冬。……」簡單的說，日中即春分，日永即夏至，宵中即秋分，日短即冬至。春分時，南宮朱雀的鳥星黃昏時出現在南中天，可以校準春分的這一天。夏至時，大火星黃昏時出現在南中天，可以校準夏至日。秋分時，北宮玄武的虛星在黃昏時，出現在南中天，可以校準秋分。冬至時西宮白虎的昴星座，黃昏時出現於南中天，可以校準冬至日。所以此南宮朱雀璧代表著日纏南宮朱雀，是為夏至日。圭背面下方有甲骨文二字。

1　清代學者吳大澂，他對於圭的研究，他根據考工記玉人中談到大圭時所說的「杼上終葵首」考證出禮器的圭是平首圭，又考證「天子圭中必」，他把「必」釋成「孔」。「中必」為「圭中孔」，用以繫組，穿在中央，可以手執，不致失墜。

戰至漢白玉琥

六器五行四神之說，西方庚辛金，金色白，神是白虎，帝是白帝，祭祠用白琥，一片白色。此白玉琥應是祭祠用的禮器。

【長 21.8 ㎝；寬 11.0 ㎝；高 0.7 ㎝】

No.134

良渚文化
玉質不辨
單節四方玉琮

【長 6.9 ㎝；寬 6.9 ㎝；高 3.3 ㎝】

本琮外方四角雕有獸面紋，獸面眼無暈（作者認為日眼有暈，月眼無暈），此琮代表月獸面紋琮，獸面紋上方有雙排五條手陰刻線紋，應代表天干十線紋，獸面紋代表陰，天干十線紋代表陽。內圓代表天或日，代表陽。外方代表地，或四方星位，代表陰。負陰抱陽，陰陽和合，代表上古時期的宇宙觀。

No.135

商周青玉琮

【長 8.2*8.2 ㎝；高 4.1 ㎝】

素琮，四面無紋，只能從琮的鑽孔來判斷年代。琮，有鑽孔短平行紋，亦含著垂直的拉紋，可知應為桯鑽，鑽孔時造成的痕跡，故應把此琮斷代為鐵器之前的玉琮，亦是春秋以前的琮。全器有紅沁及水銀沁。

No.136

西周青玉三角琮

【長 22.3 ㎝；寬 8.0cm；高 7.5 ㎝】

此琮飾有淺浮雕的單斜坡的鳳紋。三角各有十一組的菱扉紋。上小下大（與良渚琮上大下小的擺放方式不同）。在眾多的玉琮中，三角琮是稀少而特殊的。琮上有矽酸再紅晶的帶狀群聚。鑽孔雙邊對鑽，中有錯鑽的痕跡。鑽孔上下的直徑一樣，皆為 3.5 公分。

商周青玉琮

【長 17.8 cm；寬 9.3cm；高 8.0 cm】

　　此種形態的琮為西周的主流樣式。商代琮在婦好墓出現多種樣式，但與西周琮不同，此琮的鳥紋，壓地凸起的陽紋淺浮雕。此鳳鳥的形態與雕刻方式比較屬於商代，而與西周的單斜坡玉雕紋鳳出歧山的西周鳳紋（三角琮上的鳳紋）明顯的不同。由此琮之鳳鳥紋的姿態，可知西周時對琮的認知已脫離良渚文化的琮。

　　良渚文化立琮的方式為上大下小，而西周的琮都轉變成上小下大的方式來呈現。琮的斷代由紋路雕工、樣式來判斷，而另外，琮的中間鑽孔的材質可作為很重要的判斷依據。此琮鑽孔上小下大。近上方鑽孔有錯鑽的斷痕，且有一小段平行紋的痕跡。由鑽孔判斷鑽孔金屬的材質應是銅質的筒狀物。全器有紅化、風化、再生結晶的現象。

No.138

春秋戰國青玉琮

【長 18.5 ㎝；寬（上）6.6cm；寬（下）5.9 ㎝】

　　單節長形琮為周代琮的特徵。此青玉琮四面均飾以紋飾，兩面圖，兩面文，此文字早於小篆體，晚於金文、甲骨文，故可斷代於秦代前，西周後的年代，應屬春秋戰國時期。

　　此圖與文應是另一研究的學問，同坑尚有鳥形文，越王句州（勾踐）自用等字，故本件應屬於南方越國之玉琮。在琮的歸類上為很好的證明，為春秋時之玉琮。琮中孔為管鑽兩面對穿，內部交接口可見鐵管斷痕，亦可斷代為春秋戰國之琮。

No.139

春秋戰國青玉琮

【長 8.0 ㎝；寬 7.6cm；高 7.6 ㎝】

本件青玉琮受浸嚴重，只
顯現部分青色玉種，其餘鈣化
嚴重，顯現出大部分白色，其
餘的為黃色與褐色沁，黑色水
銀沁線條，形成一幅現代的抽
象畫，此玉琮的外觀應為商代，
或西周時的造型，但其鑽孔，
由錯鑽的痕跡來判斷，應是鐵
製筒狀的工具，故判斷其年代
應是春秋戰國的玉琮。

No.140

戰漢白玉獸面紋琮

【長 10.0*10.0 ㎝；高 9.0 ㎝】

此琮飾有淺浮雕獸面紋。
由獸面紋上整齊陰刻平行的眉
紋來看，應歸之於戰國。琮由
鑽孔的平行度，可知為鐵器的
鑽具，才能產生上下皆為 7.3 公
分直徑的鑽孔。此琮的獸面紋，
位於四個面上，而良渚文化的
琮的獸面紋，位於四個角。由
殷墟婦好墓的琮，獸面紋亦位
於四個角。從西周以後，獸面
紋位於四面的琮明顯的增多，
是否周時對琮的形制的認知已
經模糊或不重視，例如琮的置
放方式，上下顛倒亦是如此。

No.141

戰漢青玉琮形珮

　　漢時的六瑞已脫離周時禮器的六瑞，演變成日常用器，如文字璧、宜子孫、長樂等用於裝潢或饋贈的或隨身攜帶把玩的繫璧。琮，亦是用於欣賞或把玩，如本琮形珮或琮形鐲。此器扁平，厚 0.3 公分，只適合用於佩帶。珮上飾有淺浮雕的雲紋、龍紋，左右兩邊的卯酉門刻有網狀紋，作者認為此為代表星晷紋，亦是代表春分秋分的標誌。上下正中有子午線紋。

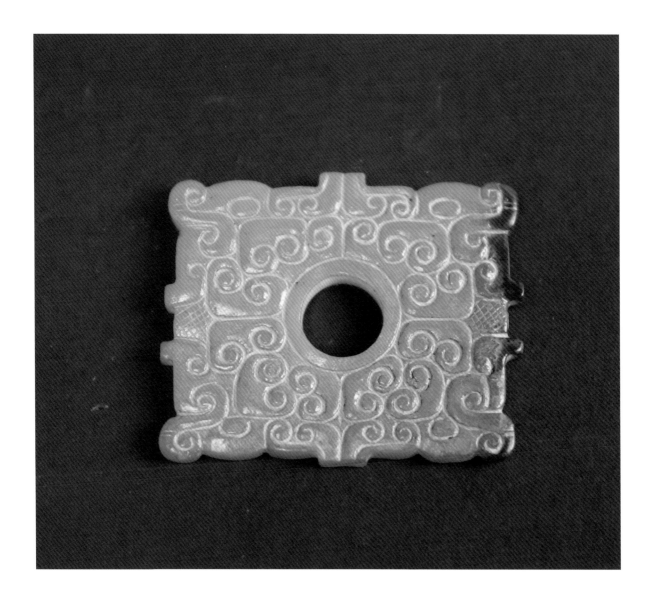

No.142

戰漢白玉琮

【長 8.7*8.7 ㎝；高 5.3 ㎝】

　　此琮四個面皆飾有獸紋，東龍、西虎、南鳳、北龜（但由鼠紋代替）。一般四神獸確定的年份為漢代。而戰國以前東龍、西虎、南鳳已經確定，唯獨北方的代表有以鹿代表北方，亦有以蜘蛛來代表。此琮以鼠來代表，尚未見過。

　　四神獸雕工精緻，尾首相接，生動活潑，背景雲紋大小不一，相當靈活，應為戰國時的雲紋雕法與春秋雲紋，大小差異大。漢代雲紋規矩整齊一致，可作為斷代之依據。此琮有硃砂沁、石灰沁與質變。乾淨無腐蝕，應是北方玉器。

No.143

戰國青玉鐲形琮

【長 8.4 ㎝；寬 8.4 ㎝；厚 2.0 ㎝】

　　本件鐲形琮，青玉，有銅綠沁。四方凸起的紋路，為一正一反的雲龍紋，此種雲龍紋為戰國時的風格。

No.144

戰國白玉祖琮

【長 15.5*15.5 ㎝；高 6.5 ㎝】

　　此琮巨大，尚未見過如此巨大的琮，由琮的獸面紋，在臉部近耳的雙頰，放大的矽酸再結晶纖維結構密實而細長，可斷代為高古之物，但其鑽孔（13.0*13.0cm），且平行度佳，孔壁鑽紋的平行度佳且長，可知應為鐵器鑽孔而成，如此應可縮短斷代為戰至漢。獸面紋，由剃地陽紋的人面紋（非獸面紋），此人面紋應為祖先圖騰，只能由鼻子像葫蘆（是否為盤瓠之像）盤瓠盛行的年代，判斷應為漢代瑤族。

No.145

漢代青白玉圓形琮

【長 8.0 ㎝；寬 8.0cm；厚 4.0 ㎝】

　　四方獸面紋，獸面紋左、右上方各雕一龍，漢代時對琮已無外方內圓之概念，亦無限制四方皆雕有獸面紋，而以更活潑之方式，如飾以四靈獸，可見漢代時，對於琮的用法已與遠古時的觀念有所差別。

No.146

漢代青玉琮

【長 12.0*12.0 ㎝；高 4.5 ㎝】

　　本件青玉琮為管狀穿孔，有點斜鑽，形成琮壁，大小不一。琮佈滿矽酸再結晶、褐沁、石灰沁，此器為生坑。琮上四角的獸面紋，明顯的為戰漢時流行的大羊角。此大羊角代表著三陽開泰的瑞獸角[1]。由幾件的漢代琮可知漢代琮的獸面紋已經由良渚的獸面紋與商代的獸面紋轉換成漢代特色的獸面紋（大羊角獸面紋），由此可知漢時已不甚了解琮的真正功能。

1　「羊」字通「祥」，漢代銅洗中的「大吉祥」都寫作「大吉羊」

No.147

漢代青玉獸面紋琮形鐲

【長 8.7*8.7 ㎝；高 2.5 ㎝】

　　此琮形鐲的獸面紋都以大吉羊的方式呈現。而此琮亦雕成鐲狀。由神靈的琮轉變成生活化裝飾用的鐲，此琮形鐲鑽孔平行度佳，可知是筒狀鑽孔，非桯鑽，可斷代為戰漢時之玉雕。多件玉琮的比較判斷，應容易做為斷代之依據。

No.148

漢代青玉獸面紋琮

【長 14.0*14.0 ㎝；高 6.5 ㎝】

　　筒狀的琮，四角飾以深浮雕的羊角人首獸面紋，此獸面紋活潑、生動，已脫離嚴肅、呆滯、制式化的周代前的獸面紋。此筒狀為兩面鑽孔的桯鑽，若以工具來判斷應是周代時的玉琮，但周代的玉雕、玉琮無此生動活潑的獸面。此獸面紋的雕刻方式像東漢時山東地方的鋪首紋或獸面紋。基本上獸面紋已脫離筒狀琮，亦是戰國前未曾見過的琮的雕法。

No.149

擬六朝青白玉琮

【長 14.0 ㎝；寬 13.0cm；高 3.0 ㎝】

　　由琮的演變來看，最早良渚琮四方規矩，多節簡單，一直演變至西漢時，並無多大的改變。至東漢才有四角突出的深浮雕，至六朝時，則更為誇張。此件琮有六朝時的風格（誇張的四方琮）。四角有三深浮雕的梟鳥（姿勢各為不同，但生動古樸）。而一角為獸面紋，簡單的雕工但生動活潑。筒狀的壁薄，平行度夠，為鐵器鑽孔（至少為戰國後的鑽孔方式）。此琮未有文獻資料，就作者判斷歸類為漢末至六朝。

No.150

六朝青玉天祿辟邪琮

【長 11.0 ㎝；高 11.0 ㎝】

　　此琮，圓筒，四方有深浮雕對稱的二天祿、二辟邪。一角的稱為天祿，二角的為辟邪。可攘除災難，永安百祿。古人把他們對置於墓前，即有祈護祠墓、冥宅永安之意。琮由良渚的獸面紋，演變至六朝的天祿辟邪紋，似乎於六朝時已經不知琮的樣式與原意，至唐代時對琮的觀念更是模糊與不重視，所以至今尚未有唐代玉琮出土的報告。本件青玉琮有局部質變與鐵鏽沁。

No.151

六朝白玉辟邪琮

【長 5.0 cm；寬 8.4cm；高 12.0 cm】

　　此件玉琮，左右有深浮雕的辟邪獸，前後有淺浮雕的獸面紋。獸面紋的正面與辟邪獸上下相反，不知何意。此玉琮為三件六朝玉琮之一，可作為互相比較。

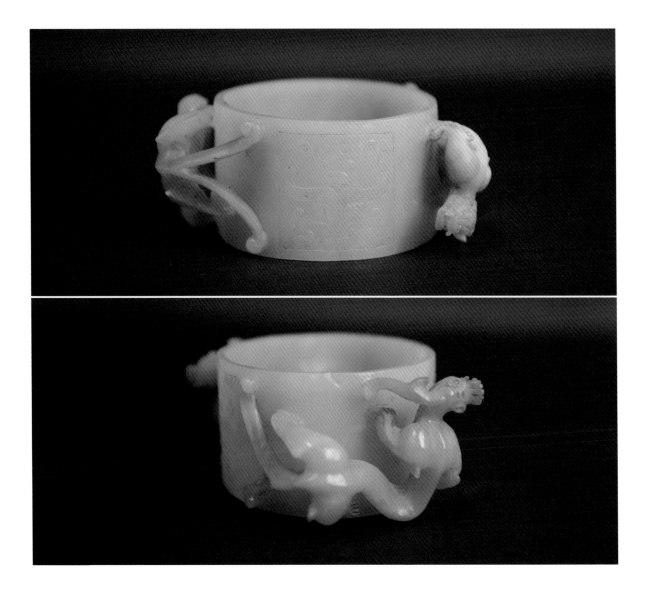

No.152

六朝白玉天祿琮

【長 10.0*10.0 cm；高 2.8 cm】

　　此琮短筒，應可作為手鐲，但與其他兩件玉琮比較，應歸納為玉琮，而非手鐲。此琮四方為深浮雕的單角天祿獸。天祿獸尾往跨下穿腳下而過，此為六朝時螭龍或辟邪獸的特點。難得三件的六朝玉琮來作為玉琮演變史的結尾。本件白玉琮有銅綠沁與鐵鏽沁。

No.153

六朝青白玉獸面紋
「永和同慶」銘文鐲形琮

【長 7.4 ㎝；寬 7.4cm；高 3.0 ㎝】

　　「永和」年號，歷史上有東漢順帝劉保的第三個年號及東晉穆帝司馬聃的第一個年號（西元 345 年～西元 356 年）。此琮的形式與漢代的琮雕工不同，而且沒有漢代雕工的精緻，所以判斷為六朝期間的玉琮。與六朝獸面紋琮雕工相同的玉琮如下。

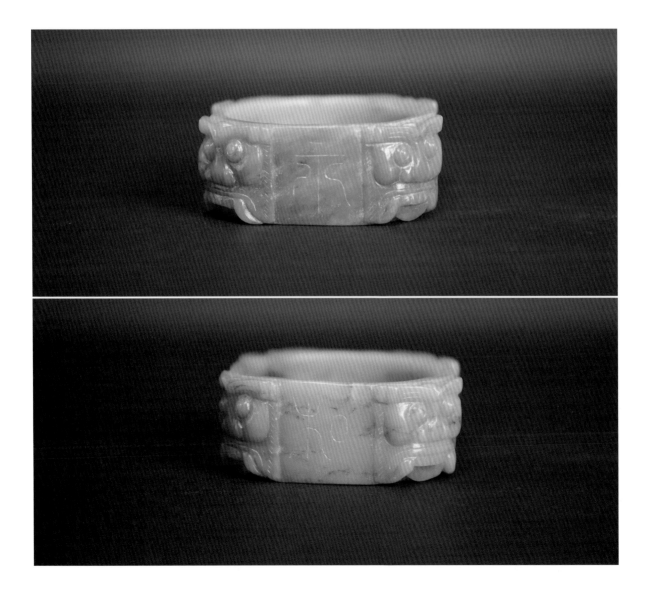

No.154

六朝青白玉
獸面紋鐲形琮

【長 6.6 ㎝；寬 6.7cm；高 2.6 ㎝】

此鐲形琮的四角處有獸面紋，與「永和同慶琮」的相異處為，於文字處為四個剃地凸起淺浮雕的商代鳳鳥紋取代了「永和同慶」四個字。

No.155

六朝青白玉
獸面紋鐲形琮

【長 8.7 ㎝；寬 8.7cm；高 2.5 ㎝】

此鐲形琮獸面紋雕於四面，而非在四個角。此琮四周有明顯的釘金沁，釘金沁內有明顯的矽酸再結晶。

No.156

六朝青白玉八面鐲形琮

【長 8.3 cm；寬 8.3cm；高 2.4 cm】

　　琮，一般常見為四方形，此琮為八角八面形。若以獸面紋來計算，又為四方獸面紋。一獸面紋佔據兩面，故形成四個獸面紋的鐲形琮。此琮的形制少見，但與戰國白玉八面琮（2.8cm*11.0cm*10.5cm）比較，可知戰國時即有八面琮存在。此琮，鑽孔的方式為戰漢時最常見單邊鑽孔。對面孔邊尚留未斷的毛邊的痕跡。此白玉八面琮全器有水銀沁[1]。

1　林巳奈夫指出琮是怎樣的玉器，關於這個問題自漢代以來已不甚清楚。所以有八面琮的出現。見《中國古玉研究》p.71，林巳奈夫 著。

No.157

良渚文化青玉璜 [1]

【長 8.7 cm；寬 5.8cm；厚 0.8 cm】

　　約在公元前四千年至公元前三千年於中華南北形成了兩個製玉中心：黃河和長江流域各出現了東北的紅山文化和太湖地區的良渚文化。對於玉器方面，各自發展，互有影響。本件半璧獸面紋璜中間雕有獸面紋。若以獸面紋來定位，此為下半璧。本件良渚玉璜比較像鉞。與紅山文化的「虹」形璜，此二者似乎為兩種璜的起源。良渚玉器重神權與軍權。故此玉器應以軍權的鉞來表達。以神權的半璧（蒼璧禮天），半璧即為半天，即為夏半年與冬半年的春分秋分的徑路，亦代表著南方文化的太一真神。

　　鉞（甲骨文字 2，二）為戉為鉞，為歲，或從鉞，從戈，或從火從戈，都是表達從戉，象徵天穹的半月形，作為周天歷度的測量工具。從火，即大火心宿二，於春分秋分時由卯門出酉門入的徑路上的上半年（夏半年與冬半年）。兩種理論都是表達天體運行，白天與夜晚、陰陽各半、夏冬各半的徑路分明的狀況。鉞是古代氏族首領手中拿的武器，為斤為鉞，稱為斧，首領稱為「大父」，鉞是軍權的象徵。《史記‧周本紀》云，夏商周三代以黃鉞象徵君權神授。

1　清的形制，那志良認為，一般皆說「半璧為璜」，就如「半圭為璋」一樣，都是後人看了他們的形狀，像是半個圭或是半個璧，而不是璋、璜兩器形制的來源。但由以下的實物看來，沒有一個夠得上「半璧」的。可知「璜」的來源，不是把一個璧劈開，取其一半，便是「璜」。「璜」之形，應是模倣「虹」的。《太平御覽引搜神記》「孔子修春秋，制孝經，既成，孔子齋戒，向北斗星而拜，告備于天，乃有赤氣若虹，自上而下，化為玉璜。《釋名》「螮蝀，其視每於日在西，而視於東，啜飲東方之水氣也」。（螮蝀，也作蝃蝀，虹的別名。《爾雅》。「蝃蝀，虹也」）。（甲骨文字 4，四）虹也。（參考《中國古玉圖釋》一書，那志良 著）

No.158

商時紅山文化
青玉雙龍璜

【長 7.0 ㎝；寬 3.0cm；厚 1.3 ㎝】

青玉雙龍璜，如（甲骨文字 4，四，參看 p.148），中間有一鑽孔，兩面對鑽。有紅山文化的風格。龍嘴橫紋雕工，有管狀雕痕與砣鑽的切磨。這也是紅山文化雕工方式。此璜珮與甲骨文字「璜」內涵相同，所以認定為「璜」。此種「璜」與周代以後的璜完全不同。

No.159

戰漢白玉
勾雲璜珮

【長 5.0 ㎝；寬 3.0cm；厚 0.4 ㎝】

此珮演變至此，似一獸面紋珮追根究柢，它是由紅山文化勾雲珮演變而來，而與戰漢玉璜已明顯不同。褐沁，有矽酸的再紅晶。中上方的鑽孔有明顯的錯鑽現象。

No.160

紅山文化青玉勾雲珮（或璜）

【長 6.1 ㎝；寬 4.0cm；厚 1.2 ㎝】

　　典型的紅山文化勾雲珮，中間厚，四周薄，但其鑽孔方式為兩面鑽，與紅山文化的斜坡兩面鑽
有所不同，應是商周時期的紅山文化產物。此件玉珮與下一件的白玉珮，再與甲骨文（4，四）比較
來看，才能斷定紅山文化眾多勾雲珮之一的青玉勾雲璜。半圓形象徵天穹，中有交錯的網紋，代表
著星晷紋，亦是代表著北極星，亦是代表獸面紋。下面的二缺口，代表的是龍嘴，就是璜的兩端的
龍首。綜合各元素，演變成商周、戰、漢各種璜的玉雕可知，戰漢的璜是由紅山文化的璜演變而來。
與商周時紅山文化青玉勾雲珮（徑路珮 10.2cm）比較，可理解勾雲璜珮為其下半部分。

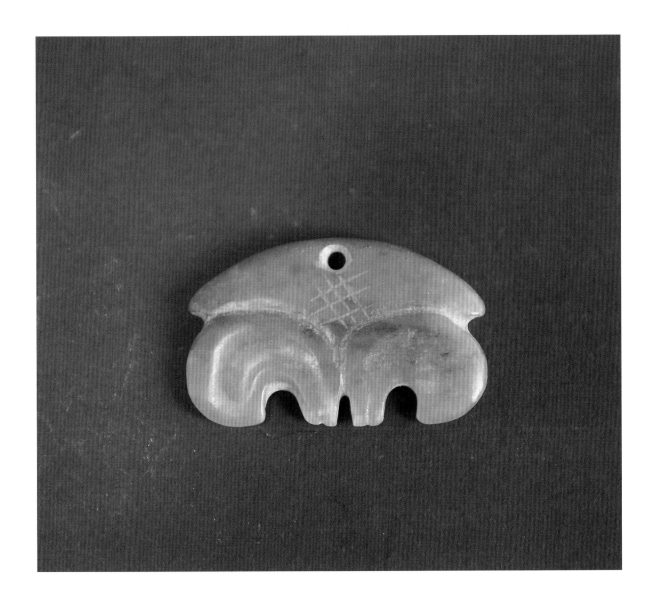

No.161

商代青玉璜

【長 5.8 cm；寬 2.8cm；厚 0.7 cm】

　　青玉璜上有淺浮雕「丅」字，由此「丅」可以斷代為早期的甲骨文「丅」即為「示」，即為「神」字。由「丅」再演變成「〒」，再演變成「示」。此即甲骨文「神」字的演變過程。由此璜上的「丅」字，我們將之斷代為商早期，與此璜同坑之其他玉件上的甲骨文文字，亦可知都為早期簡單之甲骨文文字。此璜兩面單孔斜穿。比較特殊的，此璜的兩端磨成不同方向的斜坡，是否當時已有陰陽之概念，不得而知。此璜當成佩飾掛件時，「丅」字自然筆直。

No.162

周黃玉璜

【長 9.0 ㎝；寬 3.7cm；厚 0.6 ㎝】

　　此璜，由三角形雙龍的臣字眼與向下的龍舌，知璜為反轉虹形西周風格的璜。雙陰刻文，於心形雲紋的穀文的陰刻部分有明顯的折鐵線紋。雙龍身上皆有龍麟紋。此璜玉質為黃玉、紅化，有明顯的再生結晶。

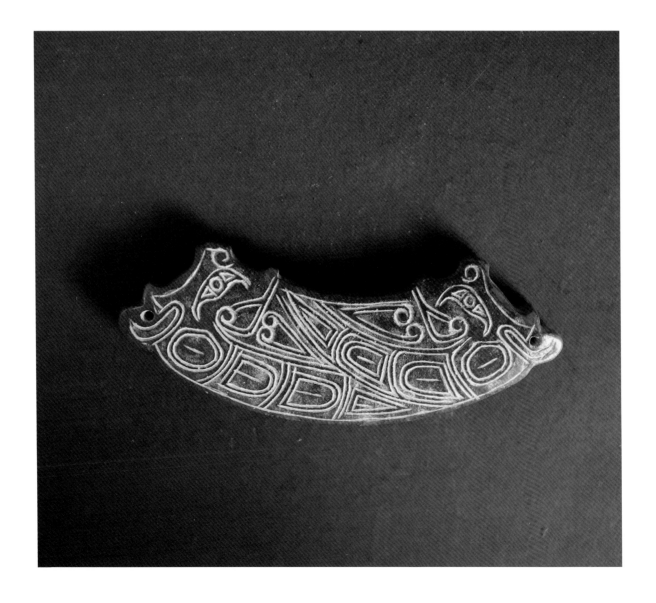

No.163

周代青黃玉璜

【長 8.6 ㎝；寬 2.4cm；厚 0.4 ㎝】

　　典型的周代璜，半圓反轉的虹形，春秋戰國以後為正虹形。此璜兩端為人首，由眼睛、嘴巴、冠飾可知為反轉的虹形。壓地凸起淺浮雕紋有龍山文化的風格。璜兩端，向背的人首，又與半璧為璜，璜代表著半天，代表著徑路，天地各一半，所以此人首亦代表著春分秋分時伯逢與實沈兩顆星。由此證明璜本身就是半璧，就有夏半年或冬半年，還有春分秋分時徑路、天地分半的整個內涵。

No.164

戰國青白玉璜與珩

（上）璜【長 23.3cm；寬 3.7cm；厚 0.6cm】
（下）珩【長 22.5cm；寬 5.0cm；厚 0.6cm】

　　璜與珩通常為串飾組配玉中的用玉，但此璜無穿孔，與此珩的穿孔只在上中，與串飾組配玉中的璜跟珩不符。而且此璜與珩尺寸頗大，又不適合當串飾組配玉，應是作為禮器祭祀之用。璜與珩上的雲紋與龍紋的凸起飽滿，大小不一，活潑生動是戰國時之風格。

No.165

戰國至西漢白玉璜

（上）【長11.3cm；寬2.7cm；厚0.5cm】
（下）【長11.6cm；寬4.4cm；厚0.5cm】

　　白玉璜，局部鈣化，紅褐沁、水銀沁。龍首璜內刻有二朱雀，在戰漢時，陰陽學說盛行，有許多玉器中常見的陰陽調和，龍為陰，朱雀為陽，所以特地於璜內刻有朱雀來調和。璜的龍首有戰漢風格的雕工，璜的雲紋，凸起飽滿，但漸有制式化，此為與戰國衍的雲紋的活潑風格作為比較。

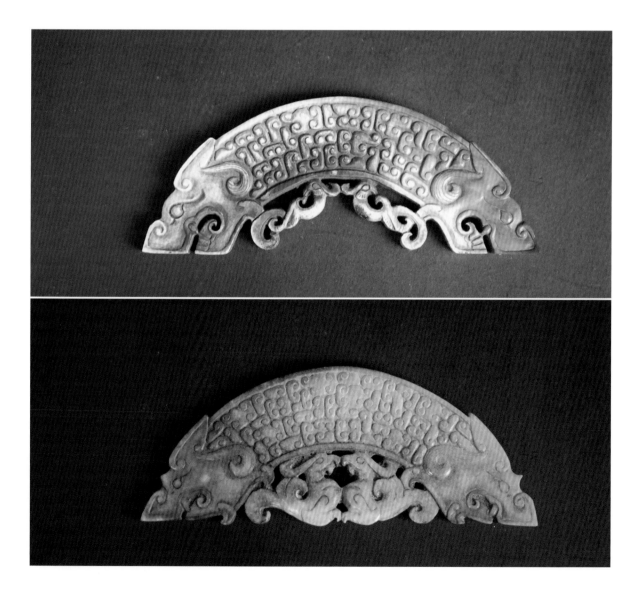

No.166

漢代雞骨白玉「樂」字璜

【長 14.0cm；寬 3.0cm；厚 0.6cm】

　　璧在漢代時流行「文字璧」，尤其是裝飾美觀用的大件文字出廓璧，字體有「未央」、「宜子孫」、「長樂」等。此件有文字的璜相當罕見，雙首璜，雕工勁道有力，應是戰國至西漢之作。璜緣雕有鱗扉紋（鉏牙），為商文化的遺留。璜的兩面雕有淺浮雕穀紋，又有陰刻的直線相連。整件玉璜風格內涵，應斷代為漢代之作。

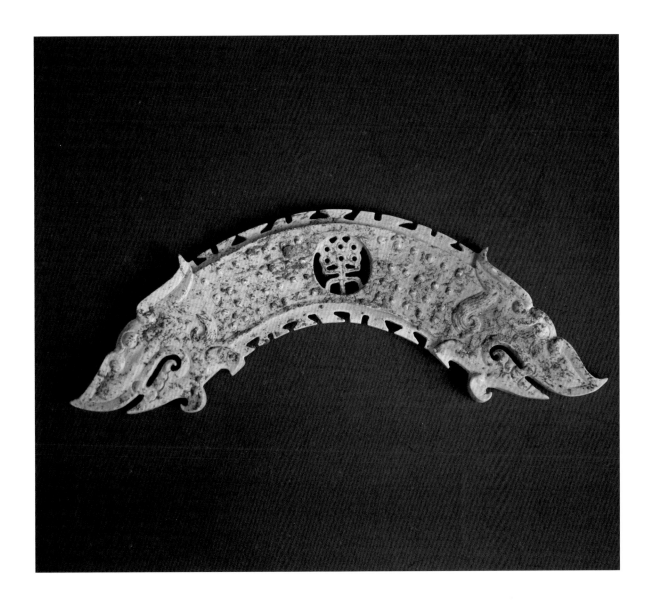

No.167

漢代青白玉龍紋璜

【長 10.7cm；寬 3.7cm；厚 0.6cm】

　　此璜以雙龍雲紋來代表四足及龍尾，但觀看雲紋雕刻的力道，應是漢代的尾聲。璜形漂亮，但雕工已無力道。比較《故 博物院藏文物珍品全集 · 玉器》（上卷）p.130（商務印書館 出版），玉龍紋璜的精緻度與力道，有所差別。

No.168

漢至六朝青白玉祭璜

【高 11.1cm；寬 5.8cm；厚 1.0cm】

　　雙面雕刻的巫師舉大璜祭祠。巫師著深衣，一面左襟右衽，另一面右襟左衽，雙袖飾以龍頭形狀，此為六朝後流行的樣式，如河南洛陽出土的三彩俑，但深衣在隋代時已廢除。黑桃形的蔽膝與前幾件同（代表卯門的穀芽）。深衣的下襬往上翹，此玉件描述著祭祠的一種狀況。

No.169

漢代青白玉
雙層璜

【長 30.0cm；寬 12.2cm；厚 0.7cm】

此件雙層璜如此大件，應屬祭祠用。上層璜中間陰刻獸面紋，周圍飾以連雲紋。上下層璜中間雕有鏤空雙龍紋。

No.170

漢代白玉
獸面卵紋璜

【長 8.3cm；寬 2.9cm；厚 0.6cm】

此變形的璜珮，雖有璜的內涵，但已沒有半璧為璜的虹璜。以獸面紋為中心，上有黑桃紋，其黑桃紋上的穀紋，即來自於紅山文化時的卵門意涵，即卵門的春分時穀芽的形狀，與前幾件璜，都是以獸面紋為中心。無論是雙龍向上或向下，都代表著上古人民對宇宙運行的認知。

漢代人物

軍人、武士、巫師、仙人、百姓、舞人、王、跪人、農民

No.171

西漢青白玉執劍與 執盾步兵雕像

（左）【長 6.0cm；寬 3.8cm；高 17.0cm】
（右）【長 6.0cm；寬 3.6cm；高 17.0cm】

　　以青白玉雕刻而成的二件步兵直立雕像其服裝及裝備與秦朝時的步兵形象變化不大。此二步兵，皆頭挽圓髻。身穿左襟右衽齊膝長襦，腰間束帶，脛著護腿，足穿短靴。執劍步兵，左手應執防禦裝備，已散失。執盾步兵，左手應執攻擊武器，亦已散失。此二雕像，皆有土沁及白化現象。

No.172

西漢青白玉
執劍與執盾步兵雕像

【長 5.6cm；寬 5.8cm；高 13.0cm】

西漢青玉漢軍中的「夷兵雕像」由青玉雕刻
而成的「夷兵」雕像[1]，頭戴闊沿尖頂鈎形帽，
臉部巨目高鼻。身著右襟左衽上衣，腰束帶，下
穿長褲。一腳跪姿，另一腳半蹲於一圓座上。整
個雕像飾有雲紋。全器有土沁及褐色沁。

1 夷兵主要來自北方的匈奴、鮮卑、烏桓、氐、羌西域等國及南方的百岳
  和西南夷。其戰鬥力，一般強於漢人，驃悍、勇猛。其裝束與漢族軍人
  有很大的分別。參考《中華文明傳真 4》一書，p.109，劉煒 編著。

No.173

漢代青白玉
戴武冠人物雕像

【長 2.1m；寬 2.1cm；高 8.0cm】

用青玉刻成的直立文物雕
像，頭戴武冠，從帽子下沿以
網子直到下巴來固定武冠。身
穿左襟右衽長袍。武冠頂部的
帽前方穿有一孔，可作為穿繩
配帶用，應是類似翁仲，當成
護身符用。全器有明顯的土沁，
縫隙處有泥土沉積物。

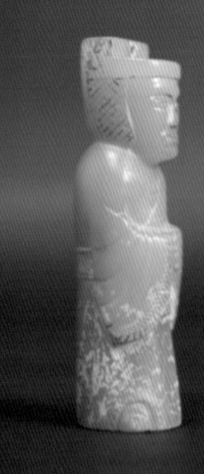

No.174

漢代青白玉
戴平冠武士雕像

【長 2.6m；寬 2.2cm；高 7.1cm】

由青白玉刻成的直立武士
雕像，頭戴平冠，身穿右襟左
衽長袍。有一穿孔由後頂部向
下向後貫穿，可作為穿繩配帶
用，應是類似翁仲，當成護身
符用。全器有明顯的土沁，縫
隙處有泥土沉積物。

No.175

漢代青白玉戴繩箍冠人物雕像

【長 2.1m；寬 2.7m；高 7.1cm】

　　以青白玉刻成的直立雕像，身穿左襟右衽長袍，頭帶繩箍冠，從冠的下沿以網子直到下巴來固定冠帽。冠的頂部後中往前的地方穿有一孔，可穿繩作為配帶用，應是類似翁仲，當成護身符用。全器有明顯的土沁，縫隙處有泥土沉積物。

No.176

漢代青白玉戴平冠持圭祭祠文官俑

【長 2.7m；寬 2.5m；高 13.6cm】

　　用青白玉雕刻而成的直立文官俑，頭帶平冠，冠下有網子到下巴，作為固定平冠之用。身穿左襟右衽大袍，其上繡有雲紋。雙手持雲紋圭。全器有土沁、縫隙處有泥土沉積物。

No.177

漢灰白玉外域胡人
獻寶玉雕

【長 6.9m；寬 5.0m；高 11.6cm】

　　由灰白玉雕刻而成的外域
胡人，頭戴長冠，雲紋形耳。
身穿左襟右衽長袍。手捧物品，
腿部微屈，似是獻寶之狀。全
器有明顯的黃色土沁。

No.178

漢代白玉仙人
舉燈玉雕像

【長 5.9m；寬 4.6m；高 11.0cm】

　　用白玉雕刻而成的仙人、
長髮、獸形耳，雙翼於背後，
仙人採跪姿於一扁平長方形檯
座上，仙人的腿部雙側有羽毛。
雙手共舉一鳥形宮燈，應作為
死者亡靈，指引帶往仙境之用。
全器有很明顯的黃色土沁。

1　本器為一組（即左右各一）

No.179

漢青玉官人與
華平合体油燈雕像

【長 20.45.9m；寬 5.3m；高 4.7cm】

　　由青玉雕刻而成的官人，頭上第一平頂帽，身穿寬袖長袍衣裳，跪姿。頭頂著華平造型的油燈[1]，有三枝，加上背後一支及雙手合抱一枝共五枝。油燈為類似仙人指路之用。全器造型奇特，含義深遠，有明顯的黃土色沁。

1　華平的造型，華平即瑞木，枝幹橫平豎直，所謂「九華」或「九枝」，以九言甚繁多，如九華燈或九枝燈，形容宮庭器物的絢麗多彩，本器以五燈來代替。
　　參考《漢畫故事》一書，P.338，張道一 著，重慶大學出版社。

No.180

漢代白玉獸人舉華蓋一組（二人）雕像

（侍人）【長 7.0cm；寬 5.5cm；高 16.0cm】
（華蓋）【長 11.0cm；寬 11.0cm；高 13.2cm】

　　由白玉雕刻而成的獸人，一組共二人（左右各一），獸人頭戴一冠飾，獸臉長毛，嘴有二尖牙。肩胛骨突出有脊，手肘後突，形成脊狀物。二人皆雙手合執華蓋[1]的柄。右腳跪地，左腳彎曲成蹲狀。上身裸露，下穿長褲，腳著尖角靴。此二人應是仙人的侍從。全器有很明顯的黃土沁。縫隙處有泥土沉積物。

1　「華蓋」一詞，本指古代帝王所乘車輛的車蓋，亦即代表日月的光芒。本器的華蓋呈荷葉形，葉邊垂有六粒珠寶。

No.181

漢代白玉侍人持華蓋一組
（二人）雕像

（侍人）【長 7.5cm；寬 5.5cm；高 17.0cm】
（華蓋）【長 13.0cm；寬 13.0cm；高 24.0cm】

　　由白玉雕成二侍人，二華蓋，成組。侍人跪姿，雙手舉華蓋，華蓋柱支撐於兩腿之間。華蓋的墜，雕成叮噹鈴狀。全器有土沁及紅色沁，縫隙處有泥土沉積物。

No.182

漢白玉仙人頂油燈一組雕像

【長 6.6cm；寬 4.0cm；高 25.0cm】

　　由白玉雕刻而成的一組仙人（左右各一人），仙人直立，雙手微彎置於身體的兩旁，頭頂油燈，腳踏圓形檯座。整個雕像由油燈、仙人、檯座三部分黏接而成。此種仙人的身體部分以鏤空雕刻來完成，很罕見。全器有土沁。

No.183

漢代灰白玉
少女玉雕

【高 12.0cm；寬 3.4cm；厚 3.0cm】

直立少女著三層深衣，左
襟右衽。三層深衣為漢代服飾
的代表。直立無足亦是漢代的
雕刻手法。拱手於腹前，一副
恭敬的樣子，此亦是漢代常見
之人物的雕刻形態。

No.184

漢至六朝灰白玉
雙舞人

【高 20.5cm；寬 4.5cm；厚 3.0cm】

舞人一左一右，曲蹲的舞
姿對稱，一手揮舞高舉頭上，
袖口向前，一手置於腹前，袖
口向側。喇叭袖口向左向前，
形成舞者的氣與動感。著深衣，
修長的身形，一為左襟右衽，
一為右襟左衽。曲蹲的舞姿，
由其中之風格來看，應為唐代
之前，東漢至六朝的舞人風格。
雙舞人皆有褐色沁。

No.185

漢至六朝白玉雙舞人

（上）【長 20.5cm；寬 10.5cm；厚 3.5cm】
（下）【長 22.5cm；寬 8.0cm；厚 3.5cm】

　　上圖之舞人著錦服雕以對稱的雲紋，臀部包覆繡以圖騰的彩巾。身軀與手都圓形管狀雕塑的方式來表現。此種玉雕手法常見於六朝。此兩件舞人滿沁銅綠與褐色鐵鏽，使得雲紋錦服更為華麗。

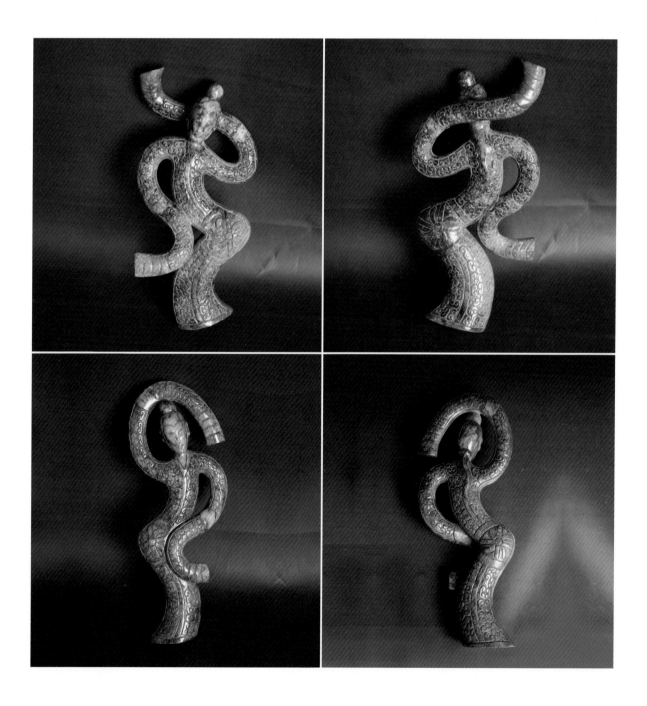

No.186

戰至漢青玉男女玉跪人

（左）【長 12.2cm；寬 3.8cm；厚 2.4cm】
（右）【長 12.5cm；寬 4.0cm；厚 2.2cm】

　　玉跪人著雲紋錦衣，全身飾以整齊的雲紋，此整齊的雲紋常見於戰國時的神獸身上。此玉跪人男有髮髻，女無髻，男女成對，呈躬形的跪拜。頭後頸有一穿孔，作為穿繫佩帶用。全器受地熱呈現白化的現象，有少量的水銀沁，小片的矽酸再結晶。足部呈現的青玉色澤，應是現代工具打磨過的皮殼。

No.187

漢代灰白玉玉跪人雕件

【長 8.7cm；寬 8.0cm；厚 5.0cm】

　　漢代玉雕中常見的玉跪人是否比喻為「遇貴人」不得而知，但明清件的玉跪人，即有所指的「遇貴人」為隨身攜帶的護身符，希望有一天「遇貴人」而輝煌騰達。此件跪人，頭戴中山國帽，上衣左襟右衽，下為褲裝（類似匈奴服裝），亦是難得的漢代雕刻的典範。腳底有矽酸再結晶，下半身有地熱產生的白化現象。

No.188

戰國至漢白玉仙人雕像

【長 6.0cm；寬 2.8cm；高 10.5cm】

　　以白玉雕刻而成的仙人，單髮髻、獸耳，口上有髭，口下有長鬚。上身裸露，雙乳凸出下垂，應是陰陽人。手臂上刻有雲紋，表示身上有仙氣，亦即代表此為一仙人。全器有很明顯的黃土色沁。

No.189

莊園組合　【長 8.7 ㎝；寬 5.8cm；厚 0.8 ㎝】

　　本件為莊園生活組合，總共十件，八個人物均手拿各種生活器物，一件鏈子，一件水井，自是最能表達當時的莊園生活，亦是擁有此組玉的貴族或君侯所喜愛的景象，所以才會花巨資以上好的和闐玉來雕刻賞玩，此莊園景象最盛行的時代為東漢時期的最佳寫照。

　　玉雕由商周、戰國、西漢，由祭祀嚴肅的禮儀上用玉，轉變成至東漢時期，表現財富、生活、餽贈的民間用玉產生的結果，從玉雕上就能看到，東漢時期有別於西漢時，更顯活潑生動。各種前朝未見的玉雕種類因應而生，如本書中「東漢青白玉受命之寶」的莊園牌樓玉雕。

　　本組莊園生活組玉雕及許多餽贈用的文字系璧，各種神仙故事的系璧，這些生活化的玉雕，都可算是東漢時期玉雕的新品種。也是整個玉雕史演變受到整個歷史文化的影響，玉雕藝術自然呈現水到渠成的改變。而本作品中的八個人與一水井之間的共通語言，就是水。（一）犁田組玉；（二）取水人與井；（三）持鋤人物；（四）持木盤人；（五）持碗人物；（六）背水囊人物；（七）手握一中空物人物，誠如圖片所示，圍繞井四周的玉雕人物，更能生動活潑地表現漢代平民逐井而居的生活場景。

No.190

東漢青白玉犁田組玉

（拉犁人）【長 12.5cm；寬 5.5cm；厚 4.0cm】
（推犁人）【長 15.5cm；寬 7.5cm；厚 3.2cm】
（鏈）【長 7.0cm；寬 1.8cm；厚 0.6cm】

　　犁田組玉分三部分，一為年長拉犁人，左手左肩拉「肩木製犁鉤」。二為三環鍊子連結第三部分，推犁的童子。此為東漢莊園的寫實農事。

No.191

東漢青白玉取水人與井玉雕組

（提水桶人）【長13.0cm；寬5.0cm；厚4.0cm】
（水井）【長9.0cm；寬7.0cm；厚4.5cm】

　　取水人右襟左衽，頭梳單髻，右手提桶，另一玉雕為水井。水井的單獨玉雕實為稀罕，應是孤品。此組（莊園生活玉雕）有八件人物，而此件水井才是整組玉雕的重心，因此不得不以此昂貴的玉材雕此似乎並不重要的水井，畢竟有此水井，整個莊園的生活與農事才能運作。而人與井的組合，似乎想藉由人提桶來表達井的存在與以井為中心的想法。井呈褐色沁，全器充滿著矽酸再結晶，可知年代久遠。

No.192

漢代青白玉持鋤人物雕像

【長 13.5cm；寬 9.3cm；厚 3.5cm】

持鋤人物，頭梳單髻，右襟左衽。雙手握鋤的動作，右手手心向上，左手手心向下，此種力學原理為右手用力的右撇子。雕刻者是個細心的觀察者，能仔細描述並表達農耕者的姿態。

No.193

漢代青白玉持盤人物玉雕

【長 13.0cm；寬 5.0cm；厚 4.5cm】

持盤人物，頭梳單髻，左襟右衽。右手持木盤，左手洗滌某物。下半身褐色與紅色沁嚴重。

No.194

漢代青白玉持碗人物玉雕

【長 10.0cm；寬 6.0cm；厚 4.0cm】

　　持碗人物，頭梳單髻，左襟右衽。右腳跪地，左腳蹲姿。左手持碗，右手扶碗沿，看似清洗狀。身體背部褐色沁嚴重。

No.195

漢代青白玉背水囊人物

【長 12.0cm；寬 5.5cm；厚 3.5cm】

背水囊人物，頭梳單髻，左襟右衽，左肩背水囊，左側與背部褐色沁嚴重。

No.196

漢代青白玉手握一中空物人物玉雕 【長 12.0cm；寬 6.0cm；厚 5.5cm】

　　人物玉雕，頭梳單髻，左襟右衽。左手握一中空物，右手食指指著中空物，似乎表達某些意思。全器背部下半身褐色沁嚴重。

漢代吉祥物

出廓璧、文字璧、系璧、雞心珮

　　在漢代，對於在生時和死後之事，最關心的好像是吉祥和辟邪、晉爵封侯、升官發財。邪氣太重，必然會有多種鎮邪的辦法出來。漢代人生活中就有各種隨身攜帶的辟邪物，尤其是具有神性的玉雕，如玉辟邪獸、玉翁仲、剛卯、工字珮、雞心珮、玉翹⋯⋯尤其是擺脫幾千年祭天禮器玉璧演變成系璧，更是受到人們喜愛，⋯⋯富、美觀、餽贈等功能外，更⋯提高自己的文化水準與安全感。

　　漢代事死如事生的重要觀念，產生了死後的厚葬陪葬品、陪葬俑，甚至死後的房子（墓），其建築的用⋯⋯墓磚甚至是用畫像磚，無非是希望完成生時未完成的心願、祈望與期許，藉以表現死後舒適的居住環境。而這些畫像磚更是把在生時的觀點，無論升官發財、生活吉祥如意的意象刻劃在墓壁畫像磚上。無數的畫像磚保留了漢代百姓的美好生活的期⋯⋯這些刻畫就是漢人死後的願景。漢代生活狀況被記錄下來的寶庫（畫像磚），引起現今學者高度重視與研⋯漢代人死後的畫像磚與在生時所使用的畫像系璧，均有著同樣的心向意念。事死如事生，死後的畫像磚與在生時的畫像系璧，其心理狀態都是一樣的，在生時由自己完成，一旦死

後則讓後代子孫幫助完成。而漢代貴族君王通常在生時即開始建造墓室，這些精緻且可隨身攜帶的系璧，便可成為生死相伴之物，也是從在生時保護當事人至死之靈物。

　　畫像磚研究已是中華文化的顯學，而系璧雕畫上的研究就由此篇開始，如鄭先興所著的《漢畫像的社會學研究》一書（河南大學出版社 出版），當中便一再提到休裁神樹信仰、螺女神話、弓弩信仰、西王母神話、伏羲女媧神話等，都是系璧雕畫的重要內容。

　　畫像磚作為漢人死後的信仰中，容納所有在生時的期許、願望與死後的美好世界（仙界），所以畫像磚記載了漢代的理想美好的社會，並且畫出當時社會傳說中奇異神話世界。事隔兩千年，解讀畫像磚時，無論是否理解，這些都是漢代人文化的底蘊，將之進行研究、詮釋與解讀，則是後人的職志。畫像磚為後代人在生時與死後所期盼的美好世界（擁有畫像磚就如擁有此世界），擁有這些系璧者，皆是非官即富的貴族，所以若說這些系璧其上的雕畫，表現的正是這些高官貴族的理想世界，實不為過。

No.197

漢代青白玉龍鳳出廓璧

【長 33.3cm；寬 20.0cm；高 0.9cm】

　　璧分三層，外層以竊曲紋（周代的重要紋飾，由鳥紋、龍紋演化而來）。中層以小篆三十八字組成。內層飾以連雲紋出廓對稱，鏤空的龍鳳紋。兩漢時代的出廓璧造型優美，上承戰國，並在發展過程中，逐漸凸顯自身的時代風格，並主要用於佩帶或建築、車馬裝飾，體現了兩漢時代玉璧由禮儀用器朝向實用器轉變的趨勢。

No.198

漢代白玉西王母出廓璧

【長 33.9cm；寬 19.5cm；高 1.0cm】

　　出廓的部分，為四鳳圍繞著西王母。玉璧分為三層，外圍以曲紋，中間淺浮雕武士獵獸的神話圖，內層則為象形圖文。《山海經》裡有個西王母，西王母豹尾，虎齒，蓬髮戴勝。到了漢代時，西王母的信仰大盛，《神異經》按照對偶的原則，創造了一個東王公，東王公鳥面而虎尾。

　　漢代銅鏡上經常寫著「壽如東王公，西王母」，就如漢代時，西王母居處崑崙山為成仙得道之地。璧的中層下方，有一人面鳥身，手握一龍，應是《山海經》的〈海外東經〉中的東方句芒的形象（鳥身人面，乘兩龍）。另有傳說東方句芒為東王公的另一稱呼。

No.199

漢代白玉龍鳳出廓璧

【長 33.0cm；寬 23.4cm；高 0.5cm】

　　出廓部分的頂部為雙龍抱珠，內飾以雙鳳紋。璧為雙層璧，外為淺浮雕穿雲龍紋、熊紋、雙螭龍紋。內璧為穀紋。全器有水銀沁與褐沁。水銀沁的部分，看起來此玉璧為青玉，實為白玉。全器佈滿再生結晶。

No.200

商周時商文化青玉璧

【長 28.0cm；寬 28.0cm；高 0.5cm】

　　大璧，禮天，此璧一面刻有十六道淺浮雕的光芒紋，代表二分二至的卯酉線，上下的子午線，再由二至線，夏至冬至線，平分為八等分。另一方面以鑲嵌綠松石圖案，一為太陽光芒紋，一為樹與果紋。果實為橘色，其實代表春分時東方天空的紅色大火心宿二。七片葉子代表著北斗七星。

　　北斗七星柄指著大火心宿二時，即為春分農耕之時。二淺浮雕的鳥形文字，一字為「斗」，一字為「易」，斗易即為三易之法，連山、歸藏、周易。所以此璧的內涵即描述天體運行的三易之法「斗易」。

No.201

漢代白玉宜子孫出廓璧[1]

【長 33.0cm；寬 22.0cm；高 1.0cm】

　　出廓璧，出廓部分，有鏤空的「宜子孫」三字，左右各有四鳥紋與雙龍紋。璧的部分，三層璧，外層璧有一熊一龍，雙螭龍紋，以淺浮雕，穿雲龍的方式來刻畫。中環璧有十六個小篆字。內璧有鏤空的朱雀紋，璧的正反面十六字的字體，左右相反，如陰陽成對，可知漢時陰陽學說影響之大，連璧的文字都以正反方向來表達，陰陽成對。或許來表達「宜子孫」需陰陽調和。漢時喜歡熊紋，此熊紋與「宜子孫」結合，似乎說著一個故事，戰國時，楚烈王（為熊姓）求子嗣而有「宜子」的故事，所以後代漢王認為「宜子孫」為保留漢室最重要的期望。

　　此璧於當時應為鎏金狀態，璧上殘留水銀斑點與黃金的小片狀附著。可知應是鎏金玉璧。玉璧上的雕刻痕跡（管狀打底字體的四周，管狀排列的痕跡明顯），清晰可見尚未打磨，也是保留鎏金的附著力量。「宜子孫」出廓璧為漢時最常見之出廓璧。金碧輝煌應只用於建築、車馬裝飾之用。出廓璧的出廓部分的紋飾當中，如琢有「宜子孫」、「長樂」、「未央」等文字者，稱為「吉文璧」，由於玉璧是祭天的禮玉，具有威嚴的神秘色彩，而作為玉璧衍生的出廓璧，則脫去了神秘的外衣，成為人間的玉飾。

1　兩漢時期，玉璧由禮器轉變為實用器，而樣式由簡單的圓璧發展出各樣繁複雕工的精緻出廓璧、文字璧，而主要由禮器轉變為佩帶、建築、車馬裝飾等，亦就是炫富，展示財富。由官方以禮器轉變成貴族炫富與餽贈的財富象徵與隨身攜帶的吉祥物與辟邪物。作為帶有精神性的載體（玉），其功能更勝於這些畫像磚、畫像石，內容更能讓人們感到心安。收集這些系璧，其內涵應可知這些貴族們的期望。這些期望都由這些玉璧的雕刻內涵表現無遺。總之，不出吉祥、辟邪、升官發財這些內容。

No.202

漢代青白玉文字四層璧

【長 23.3cm；寬 23.3cm；高 1.0cm】

　　此璧分為四層，外層文字，小篆字體，內層文字亦為小篆字體，二文字層中間為二十四分隔的小塊。最內層為扭絲紋，此璧正反面皆是相同文飾。璧上有一四方框，框內二字「化元」，即造化的本源，故此璧應該是道教之文物。

No.203

漢代白玉「長樂」吉文璧、「長樂璜」【長15.7cm×15.5cm；厚1.3cm】

　　此件「長樂」璧為雙半璧組成，所以又是雙璜，組合成璧。璜由雙龍組成，一字為「長」，一字為「樂」，分成四個部分，四部份各有一龍一鳳的陰陽組合，龍鳳成體，龍與鳳身軀扭轉，正反面形成之體的S形，整體的玉雕龍雖只是鏤空的片面玉雕，卻有多層次的立體感。漢代文字璧中的字體中線常以壓低仔細的打磨造成，此件視覺上的亮點，反而讓玉璧上的文字更加顯眼。

No.204

漢代青白玉文字系璧（十二地支） 【長7.17cm；寬7.1cm；厚0.4cm】

　　漢代小篆字十二地支（子丑寅卯辰巳午未申酉戌亥），剃地凸起，字體生動活潑，每面六字。青白玉系璧，褐化質變，矽酸再結晶凸起，尤其在「丑」字與「戌」字的上方再結晶十分明顯。

No.205

漢代青白玉三羊
開泰系璧

【長 5.9cm；寬 5.9cm；厚 0.9cm】

　　系璧上的三羊首為漢代時
最喜歡的大吉羊，其特色為大
彎羊角，代表的是吉祥如意。
此三羊首，即是三陽開泰、否
極泰來之意。此羊首可參考山
東漢代畫像石，本系璧青白玉
紅化，屬於吉祥佩帶之玉 。

1 　參看《中華圖案五千年 4：秦漢時代》一書，
　　〈美工科技〉篇，p.207。

No.206

漢代青玉西王母
畫像系璧

【長 6.9cm；寬 6.9cm；厚 0.4cm】

　　西王母的故事於漢代是家
戶喻曉的故事。西王母其特徵
為坐於龍虎座上。西王母代表
著西方之神（東王公代表東方
之神）。西方又以月亮為代表，
所以此玉璧上，西王母坐於虎
座之上（東龍西虎），下方有
一蟾蜍（玉蟾），左邊有一月
兔，右邊有一人物，應是伐桂
的吳剛，此景象即描述漢代人
印象中的西王母。此一系璧的
期望為死後能成仙得道，侍奉
於西王母之左右。

No.207

戰至漢青玉鳥形紋二系璧 （上）【長 6.0cm；寬 6.0cm；厚 0.3cm】
（下）【長 5.9cm；寬 5.9cm；厚 0.7cm】

　　上圖之系璧，剃地凸起，小篆鳥形文「富貴予命」與另一面「知命予命」，其字體為後來小篆的字體。

　　下圖之系璧，壓地凸起，小篆鳥形文，其篆體更難辨識，應為戰國前的文字。這些文字璧都是漢時文人喜愛的隨身玉璧。兩者玉璧的鳥形文與《中華文明傳真3，春秋戰國》一書 p.21，越王勾踐劍上刻有「越王鳩淺」（勾踐）自作用鑑（劍）的鳥篆銘文比較，三種篆文，各有不同，可知鳥形文的書寫方式，即於篆體文字上飾以鳥首，以鳥首作為美化篆體的工具。鳥形文最早出現於商周之間。

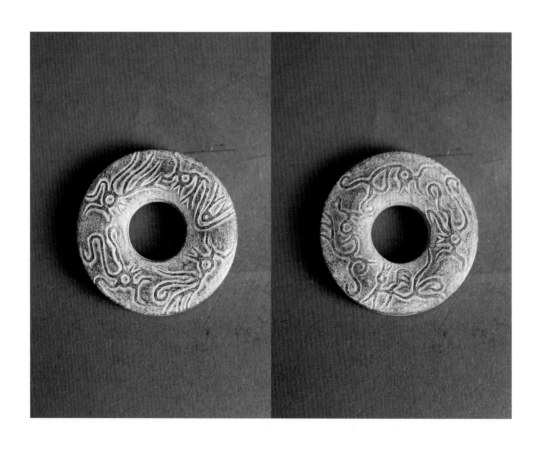

No.208

漢代青白玉
伏羲女媧交媾系璧

【長7.0cm；寬7.0cm；厚0.7cm】

　　此系璧與四川漢代畫像石伏羲女媧圖 相較，此系璧的雕工比畫像石中的圖更是清晰，上為「萬歲」二字，人首龍身，二者的身體交纏，左為伏羲，右手托日，日中金烏。右為女媧，左手托月，月中有玉蟾與月桂，此形象常見於漢代的畫像石與畫像磚。作為系璧，祈求「萬歲」長生不老。

1　參看《中華圖案五千年4：秦漢時代》一書，〈美工科技〉篇，p.256。

No.209

漢代青白玉伏羲
女媧系璧

【長7.0cm；寬6.9cm；厚0.6cm】

　　此系璧與四川漢代畫像石伏羲女媧圖 類似系璧人物，人身獸腳，左邊人物右手拿斧，左手舉人首。右邊人物，右手托鳥，左手托魚。所托的四件器物應各有含義，若與其他的漢代伏羲女媧圖相較，都為伏羲執規，女媧執矩。規為圓，似人首，矩為方，似斧頭。鳥代表日，魚代表月，此二物有陰陽調和，子子孫孫萬世其昌之意。佩帶此璧，應是祈求子孫繁盛。

1　參看《中華圖案五千年4：秦漢時代》一書，〈美工科技〉篇，p.256。

No.210

漢代青玉伏羲女媧畫像勒

【長 8.3cm；寬 3.3cm；厚 1.1cm】

　　扁平勒子，兩端中有對穿孔。勒子兩面雕有二人身蛇尾的伏羲、女媧交尾圖，周邊飾以三角雲紋。漢代畫像磚上有許多以西王母為背景的伏羲、女媧交尾的畫像，應視西王母為主神，伏羲、女媧為祖先神的概念所想像出的一個畫面。

漢代青白玉
仙人出遊圖系璧

【長 6.5cm；寬 6.5cm；厚 0.6cm】

　　此一系璧構圖為一馬軺
車、七羽人簇擁著馬車四周，
篷車不見主人，左有伏羲女媧
圖，其四周雕以雲紋。由此結
構的畫面來判斷此仙遊圖的主
人，應是東皇太一，而非西王
母。東皇太一居於太一，而出
門以北斗七星，此七羽人應代
表北斗七星。學者論斷對於伏
羲女媧交尾背景神像一直有爭
議，有的認為是西王母，有的
認為是太一真神。

No.212

漢代青白玉伏羲
女媧系璧

【長 6.5cm；寬 6.5cm；厚 0.6cm】

　　此系璧有典型的漢代風格，
人首獸身如蜥蜴，四周滿佈戰漢典
型風格的雲氣紋。漢代畫像磚有
大量的伏羲女媧蛇身交尾的畫像，
此件為單一的人首蜥蜴身，肩部
有一翅膀，代表其為漢代的神仙
（如漢代的羽人，即為神仙）。

No.213

漢代青玉系璧

（一）東龍紋（缺）
（左上）西虎紋【長 6.7cm；寬 6.7cm；厚 0.6cm】
（右上）南鳳紋【長 6.7cm；寬 6.7cm；厚 0.5cm】
（下）北龜紋【長 6.7cm；寬 6.7cm；厚 1.0cm】

　　四靈獸：東龍、西虎、南鳳、北龜，在漢代是百姓最喜歡的靈獸。無論在瓦當、銅鏡、畫像磚、漆器、金銀器都為常見的圖紋。玉器上更為常見，此三件系璧與西漢時的瓦當[1]，其紋飾相同。系璧兩面圖紋皆為一樣，表皮有風化的橘皮與再生結晶的老化現象。

1　見於《中華圖案五千年 4：秦漢時代》，p.27。

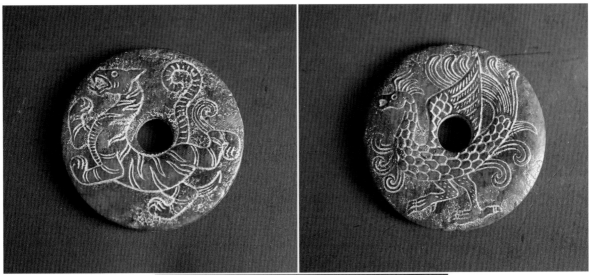

No.214

漢代青玉車馬出行圖系璧

（左上）無篷軺車【長 6.6cm；寬 6.6cm；厚 0.6cm】
（右上）有篷軺車【長 6.6cm；寬 6.6cm；厚 0.6cm】
（下）三馬一軺車【長 6.6cm；寬 6.6cm；厚 0.6cm】

　　漢代等級森嚴，人們的身分地位不同所乘馬車的級別也不同。一般馬的數量越多，馬車的速度越快，級別也就越高。漢畫像磚多有表現車馬出行的畫面很多，但多為級別較低的一匹馬架的軺車。軺車的種類各有不同，有無篷車、大篷車、小篷車，還有封閉的箱式車。

　　此三件為（一）無篷軺車；（二）有篷軺車，其上有一御車手及一官吏；（三）為三馬一軺車。應為身分較高的官吏，其後有隨從浩蕩過橋，應是描述漢代最喜歡的故事，劉邦率軍進入咸陽。

No.215

漢代青玉仙人獻瑞獸系璧

【長 6.4cm；寬 6.4cm；厚 0.8cm】

　　此系璧雙人雙獸圖、仙人飛翼、舞姿戲瑞獸，頭戴長冠，著深衣大袍，獸有單角直立向上，應是天祿（麒麟）。獸與人的動作活潑、互相輝映合為一體的舞曲，可知東漢玉雕人物「動」的體現。此件系璧再生結晶豐富，小浸蝕孔很多。

No.216

漢代青白玉戲車圖系璧

【長 6.5cm；寬 6.5cm；厚 0.8cm】

　　東漢時期社會風氣奢靡，各地區的蕃王與莊主、貴戚、豪家流行各式各樣，無論是飲食方面，衣著方面、宮室、宅院、車行方面都展現出富麗堂皇、奢美舒適的能事。而其更甚者，戲車，為漢代百戲之一，和吞刀、吞火的雜戲是相同的，在車上表演雜技。此件系璧上，一人立於馬上，右手執鞭，左手執棍，馬為奔馳狀，另一人手抓馬鬃，半身懸空如馬急奔馳之狀。雙羊拉一車，車上有三人。此一畫面與畫像磚中的戲車有異曲同工之妙。

No.217

漢代青白玉仙人製車圖系璧

【長 6.4cm；寬 6.4cm；厚 0.8cm】

　　此一系璧是為對稱的二人製車圖，應是傳說的夏代車正，車子是否於夏代時發明未知，但在夏代時就已有專門管理車子的人稱為車正。據婦好墓有多輛的戰車出土，可知商代時已把戰車當成作戰的利器。夏代如有戰車必是攻無不勝的利器。此件系璧人物皆有飛翼，可知是為仙人。

No.218

（左）漢代青玉狩獵紋系璧
（右）漢代青玉射鳥紋系璧

（左）【長 6.9cm；寬 6.9cm；厚 0.6cm】
（右）【長 6.7cm；寬 5.3cm；厚 0.8cm】

　　漢代風格的奔獸紋，上圖之系璧為豬、鹿、熊、鳥，下圖之系璧為豹、狼、鹿。此系璧的風格可見於青銅器上或錯金錯銀的筒形器上[1]，豹背紋上鰭的紋飾可見於兩漢早期彩繪雲豹紋扁形漆壺的紋飾，此兩件系璧想描述表達的是漢代思想中的仙境獸紋。

1　見於《中華圖案五千年４：秦漢時代》，p.90。

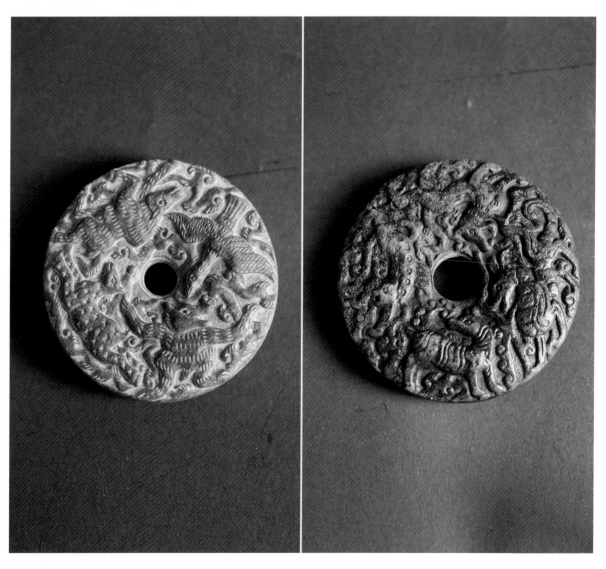

No.219

漢代青玉三青鳥紋系璧

（左）【長 5.8cm；寬 5.8cm；厚 0.9cm】
（右）【長 5.5cm；寬 5.5cm；厚 0.7cm】

　　三青鳥系璧與西漢時的瓦當圖紋[1]相同。可知道此循環的鳥紋為西漢的文物同一坑的另一件為漢代青玉雙龍紋系璧，此龍紋比較少見於漢代的文物之上，由此連結三青鳥紋系璧，可知雙龍紋系璧，亦為漢代之物。

1　見於《中華圖案五千年4：秦漢時代》，p.28

No.220

漢代青玉瑞獸紋系璧

（左）【長 6.3cm；寬 6.3cm；厚 0.7cm】
（右）【長 6.3cm；寬 6.3cm；厚 1.0cm】

　　瑞獸與瑞鳥紋，活潑生動，風格與徐州漢代畫像石之風格相同[1]。此二系璧青玉紅化，再生結晶豐富。

1　見於《中華圖案五千年 4：秦漢時代》，p.241。

No.221

漢代青玉鉞龍虎銜璧紋

【長 6.9cm；寬 6.9cm；厚 1.0cm】

　　此紋飾參考[1]鉞，遠古時期為砍頭的工具，或是部落首領的權杖或信符。此漢代的玉鉞只是隨身攜帶的護身符。青龍白虎銜璧紋是漢代時流行的避邪紋。此件玉鉞上的龍虎紋，生動活潑，應也是東漢的風格。

1　見於《中華圖案五千年 4：秦漢時代》，p.251。

漢代吉祥物

No.222

（左）漢代青玉狩獵紋系璧
（右）漢代青玉射鳥紋系璧

（左）【長6.9cm；寬6.9cm；厚0.6cm】
（右）【長6.7cm；寬5.3cm；厚0.8cm】

　　漢代時王侯貴族喜歡的休閒活動為獵獸、騎馬、駕車、隨從、獵狗大陣仗出城狩獵為炫富娛樂。此系璧有雙人持箭射鳥，三人持叉、一人徒手伏虎，此為漢代外出狩獵圖。橢圓形系璧三人持弓箭射鳥圖，此二件系璧為漢代時常見之狩獵紋風格[1]。

1　射鳥，漢時常引喻為射雀，音為射爵，即升官晉爵，作成系璧，隨身攜帶為祈福之用。

No.223

漢代黃玉后羿射日紋系璧

【長 6.3cm；寬 6.3cm；厚 0.4cm】

　　漢代一璧一圖一故事，故事常為忠孝節義，辟邪祈福、升官發財的題材。刻於系璧上，作為贈予或隨身攜帶的護身符。這些系璧都為漢代的圖紋，不只見於系璧上，亦是漢代畫像石、畫像磚上常見的題材。此后羿射日系璧，后羿戴的冠為中山國之冠，亦可見於山東武梁祠的畫像磚上，故斷此系璧為漢代風格。

No.224

漢代青玉吳王、伍子胥故事系璧

【長 5.9cm；寬 5.9cm；厚 0.9cm】

　　此件系璧與東漢吳王畫像銅鏡相同，但缺少一人。畫面分四區，一為忠臣伍子胥，瞪目咬牙，鬚眉怒豎（玉璧上缺）。二為吳王，席帳帷而坐，悠然自得。三為二人，越王與范蠡，策畫謀吳之事。四為賄賂太宰的玉女兩人。此故事應是春秋時期的故事，但漢代人喜歡以忠孝節義的故事刻於器物之上，以達到教化的功能。

　　一系璧一故事，也是漢代系璧的另一種樣貌，完全脫離穀紋、雲紋、蒲紋等制式化的紋飾，而以更活潑生動的題材作為贈予、自娛、炫富之用。（帳帷的樣式、紋飾、坐墊清晰可見，實為難得的見證。）

No.225

漢代青玉三士扁勒

【長 5.7cm；寬 3.9cm；厚 0.9cm】

　　漢代山東畫像石[1]。有此圖像，三士拱手圖。漢代畫像石中充滿著寓言，若有文字者，就知何故事。此件三士拱手圖，應是著名的戰國時期二桃殺三士的歷史故事，寓意借刀殺人。事見春秋‧齊‧晏嬰《晏子‧春秋‧諫下》比喻借刀殺人。

1　參見《中華圖案五千年 4：秦漢時代》，p.209，圖 11。

No.226

漢代青玉玉板雕像趕豬哥圖
（牽豬哥圖）

【長 24.0cm；寬 15.0cm；厚 0.5cm】

　　漢代文化的保留必須為藉由載體，這些載體包括絲、紙、帛、木板、陶、磚、石、獸骨。唯有陶磚、石頭、獸骨能保存三千年以上，帛、絲、木板尚能保存二千年之久。紙張是無法保存二千年之久。所以漢代文化的保存最多的是畫像石、畫像磚，其他的帛畫、墓畫都是少量的存在。如今大量的研究畫像磚裡的文化內容，更能深入漢代文化，無論其生與死，政治與民間，都融入在畫像磚的畫像內[1]。

　　此件玉板雕畫（趕豬哥圖）整個畫面的布局，以淺浮雕的方式，雕一農人戴斗笠，著農裝（左襟右衽），褲裝、赤足、手拿桿鞭趕豬。此豬的形態，明顯的為家豬（與下圖野豬比較）。家豬頭小身軀大，可食用的肉多。野豬頭佔了身軀的三分之二，可食用之肉少，可明顯區分出飼養的豬及野生的豬。此件作品可知漢化的佈局已到相當進步的狀態。此件作品的內涵可知農人的服裝、農人的行業，漢代農牧的狀況。這些玉板雕畫與畫像石、畫像磚所保留當時漢文化的真實狀況的最好的載體。

---

1 本坑青玉玉板雕畫，歷史上第一次發表，在斷代上並無其他的對比資料來輔助斷代，比較能確定的資料只有（一）彈琵琶的舞女的冠飾與東漢武梁祠上的畫像磚多處有此冠飾之人物。（二）帶冠舞人雕件中舞人的形象、活潑生動，此與東漢說唱俑相似（三）舞人的衣服左襟右衽，著深衣，應為戰國、漢代至六朝初。（四）弄蛇人，應為一種表演的行業，亦是屬於漢代說唱俑。（五）捕蛇人，褐色的分歧的樹枝狀，此為巨大的再結晶。（六）玉板雕畫與漢代畫像石、畫像磚，所要表現的稍有不同，但都確確實實的紀錄了漢代時的文化。故本作者把此坑的玉板畫斷代為漢代之作品。

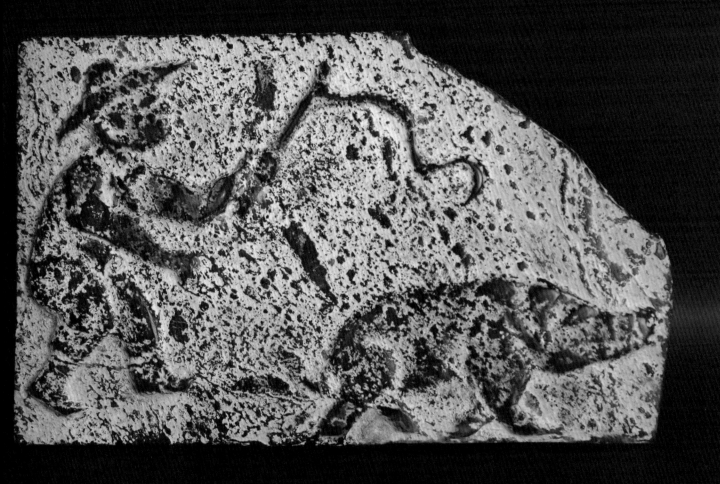

No.227

漢代青玉玉板雕獵豬圖（二件）

（左）【長 27.5cm；寬 13.0cm；厚 0.9cm】
（右）【長 25.5cm；寬 14.2cm；厚 1.0cm】

　　漢代獵豬圖為青玉板，深沉暗綠色的部分應是質變，滿布粒狀的再生結晶。此件作品獵人挽髻，手執簡易的原始叉形木製狩獵桿，獵人的裝扮與上圖農人相同。持桿鞭換成狩獵桿，家豬變野豬。可明顯分辨出家豬與野豬的形態。此圖為漢人、獵人、捕豬的真實狀況。

　　右圖為漢代青玉玉板雕畫獵鬃豬圖，詳述蠻人獵豬狀況，兩者作為比較，蠻人披髮、裸體，手握竹節獵桿，野豬鬃毛盡立（應為公豬）。兩玉板畫構圖相同，人物不同，應是漢人與蠻人交接區域的狩獵生活。此件玉板玉種為淡色青玉，玉板上的淡褐色部分為再生結晶。

No.228

漢代青玉綬帶鳥
與舞女

【長 19.0；寬 11.9cm；厚 0.6cm】

舞女頭戴芙蓉冠（此冠飾
見於東漢武梁祠畫像磚上），
著深衣，左襟右衽，右手拿缽，
左手舉綬鳥。綬鳥為壽鳥，亦
是綬帶的象徵，綬鳥尾部為身
體長的三至四倍。在漢代時，
綬是區別官職高低最顯著的一
種標誌，愈長者，官階愈高。
一般為特殊的絲織品製成，繫
官印隨身攜帶使用，在漢代餵
食綬帶鳥的玉板雕畫，應是祈
禱官位的步步高升。

No.229

漢代青玉
彈琵琶舞女

【長 28.6cm；寬 19.2cm；厚 1.1m】

舞女頭戴芙蓉冠，著深
衣，左襟右衽，立姿高舉琵琶
彈琴狀，應是表演式的姿態，
在漢代的畫像磚有多處琵琶畫
像的記錄，全器充滿點狀的再
生結晶。

No.230

漢代青玉弄蛇人玉板雕畫
（二件）

（上）【長 31.0cm；寬 15.7cm；厚 0.8cm】
（下）【長 11.7cm；寬 8.9cm；厚 0.6cm】

　　兩件弄蛇人玉板雕畫，上圖尺寸較大，畫中人頭戴斗笠，左手持蛇尾，右手撫摩蛇下巴，做出安撫狀的人與蛇對話。小件弄蛇人，蛇尾纏身，右手指此蛇七寸處，也是另一種弄蛇的方式，畫面的表現，亦是人與蛇的對話。

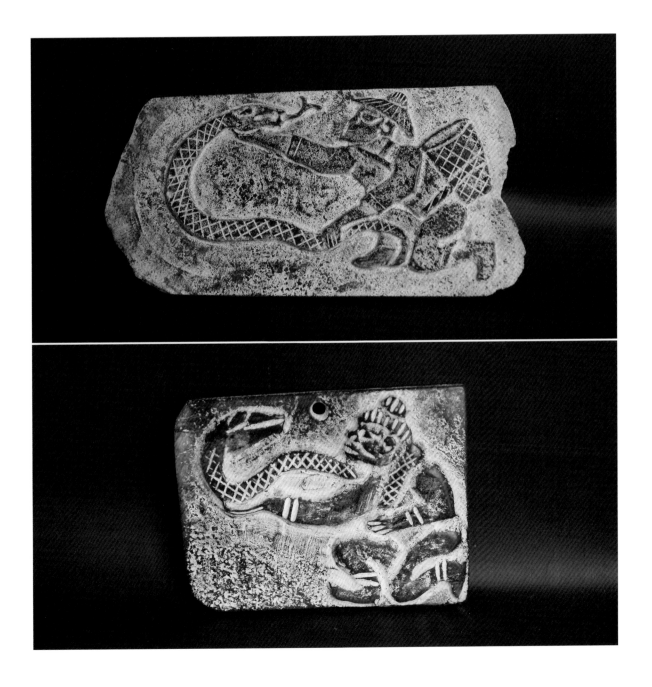

No.231

漢代青玉舞人
連環玉板雕畫（三件）

（左上）【長 12.1cm；寬：8.4cm；厚 1.0cm】
（中）【長 11.1cm；寬 8.1cm；厚 0.7cm】
（左下）【長 11.3cm；寬 8.7cm；厚 0.6cm】

　　一舞人頭戴芙蓉冠，左襟右衽連環三動作，就如今日之動漫，一轉頭舉手，二側頭舉手下蹲，三側頭下蹲後，揮舞雙手，就如一連續動作。此三玉片都有一小穿孔，作為懸吊用。

No.232

漢代青玉狩獵人
玉板雕畫

【長 22.2cm；寬 17.2cm；厚 1.1cm】

　　狩獵人手執叉前刺，此一
動作與籃子顯示出一個獵捕的
畫面。點狀的晶體都是矽酸再
結晶。整塊玉板為類三角形，
整個畫面亦是類三角形，應是
配合玉板的形狀構圖而成，由
此可知漢時畫畫已經追求構圖
之美。

No.233

漢代青玉漁夫
玉板雕畫

【長 24.2cm；寬 15.8cm；厚 1.0cm】

　　漢代漁夫撐船圖，圖中主
畫面，漁夫手持竹竿，從上端
直通最下端，分成兩畫面，右
為漁夫撐桿，下方舟板的一角，
前置一魚簍來穩定畫面重心，
此一構圖與上圖，就可知漢代
畫畫非常講究構圖重心的穩定
與美感，魚簍口窄簍高，使魚
獲不至於跳出來。獸籃口寬低
矮，裝置捕獲的野獸也不至於
逃脫。

No.234

漢代青玉豐收漁夫玉板雕畫

（上）【長 17.1cm；寬 15.2cm；厚 0.9cm】
（下）【長 21.0cm；寬 16.0cm；厚 1.0cm】

　　此二片漁夫豐收的玉板雕畫都為「梯」形，但其畫面的構圖，稍有不同，同樣為漁獲圖、漁簍、魚鱗稍有變化，來使畫面具有不同感，不致於相同。眾多竹編的容器，可知此一民族是漁獵採集的生活狀態。

No.235

漢代青玉採集生活玉板雕畫

（上）【長 11.2cm；寬 7.9cm；厚 0.6cm】
（下）【長 9.3cm；寬 9.5cm；厚 0.5cm】

　　此兩件玉板雕畫都為生活採集之畫面，上圖為一人背簍彎腰似乎採集某些東西，下圖則是人採蹲跪姿，右手似乎採集某些東西放入竹簍裡面。兩件玉雕畫都為描述當時的生活狀態，可知此一民族以採集狩獵為生活。幾件玉板雕畫的竹簍、竹籃樣式都不同。竹製品應該是當時使用廣泛的用具。此類畫面亦是難得的文化記載。

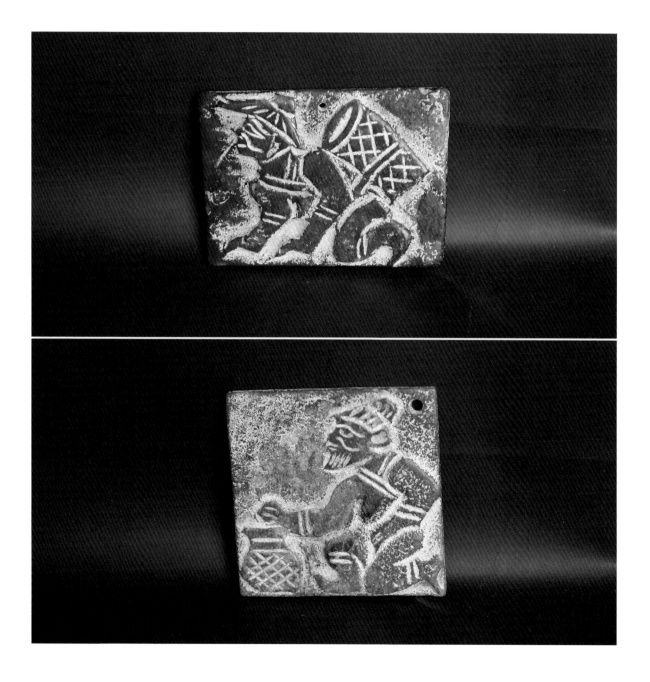

No.236

漢代青玉捕鳥玉板雕畫

（上）【長11.5cm；寬7.4cm；厚0.4cm】
（下）【長12.2cm；寬7.7cm；厚0.3cm】

　　兩件玉板雕畫描述當時原始部落之人徒手捕鳥之畫面。原始部落裸身徒手捕鳥，未使用工具，應該是生活的環境中，鳥類甚多，徒手即可獲得，此兩件玉板雕畫，獵人姿勢相同，而捕捉不同的鳥種。幾件玉板雕畫都有一穿孔，此穿孔應是穿繩集中之用而已。

No.237

（上）漢代青玉舞人玉板雕畫
（下）漢代青玉麒麟獸玉板雕畫

（上）【長 10.2cm；寬 9.9cm；厚 0.5cm】
（下）【長 10.2cm；寬 9.1cm；厚 0.5cm】

　　在這些玉板雕畫中，以採集與狩獵為主，此兩件特例的舞人與麒麟，其在歷史的資料中亦是特殊的，別無其他的對照資料。上圖漢代青玉舞人玉板雕畫，觀察此舞人的動作，應歸納在漢代的說唱俑之類。下圖為漢代青玉麒麟獸玉板雕畫，以此件麒麟以其風格而論，應屬於戰漢之時的辟邪獸。

No.238

（上）漢代碧玉交媾玉板雕畫
（下）漢代青玉交媾玉板雕畫

（上）【長 26.5cm；寬 14.1cm；厚 1.9cm】
（下）【長 22.3cm；寬 13.7cm；厚 1.2cm】

　　交媾圖在漢代時亦是常見的畫面。兩件玉板雕畫描述的是，一漢人，一夷人，漢人梳髮髻，夷人披頭散髮。幾件的玉板雕畫都描述著漢人與夷人的生活狀態，也就是說這個地區是漢人與夷人共同生活之地。青玉與碧玉的再生結晶方式明顯不同。下圖是青玉，以點狀與稻穀狀為主。上圖的碧玉雕畫，再生結晶形狀以放射狀的菊花瓣，在板畫的正中央，褐色、白色放射狀的即是。

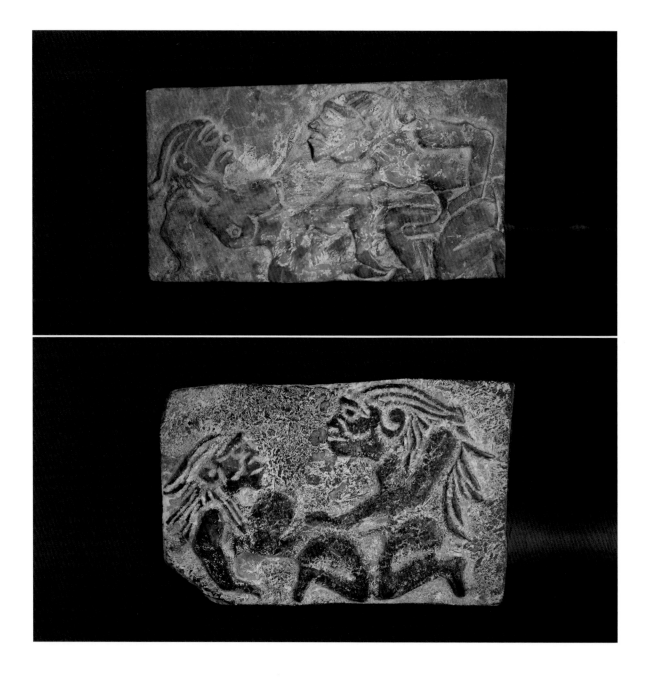

No.239

漢代碧玉獵捕玉板雕畫

（上）【長 27.8cm；寬 14.0cm；厚 1.1cm】
（下）【長 25.5cm；寬 15.0cm；厚 1.8cm】

　　上圖為漢代碧玉捕蛇人玉板雕畫，獵人此「Ｙ」型棍捕捉大蛇的畫面，「Ｙ」型棍控制住蛇頭後的七寸地方，可完全地控制蛇的活動，此一雕刻畫面，為一難得的漢朝畫。中間的放射枝條狀都是碧玉的再生結晶與上圖的碧玉交構圖相同。獵人以「Ｙ」型棍吊隻紅色的兔子。此鮮明的畫面都是以孔雀石（土耳其石）混合黏著劑雕塑而成。因年代過久，有產生多處裂紋的狀態。

　　下圖為漢代青玉獵人獲兔玉板塑畫，此件作品為歷史上首見，在玉板上以黏塑的方式來製作完成作者想要表達的一個畫面。在漢代玉雕綜論裡面，無論是常見的玉雕，在此類似畫像磚、畫像石之類的玉板雕畫或是系璧上的雕畫，都是尚未發表的題材，但都是漢代文化的美學表現，應該發表讓各方欣賞。

No.240

漢代至六朝青玉牛雕件

【長 17.0cm；寬 13.0cm；厚 7.0cm】

　　由牛的尾部的卷曲狀與漢代青玉仿單煙管牛形釭燈及漢代青玉玉版雕畫組件一相同，可知三者年代相近。此件為青玉、水銀沁，此水銀沁應為皇帝、帝王陵寢中大量水銀所致，故全器成黑色。身上四肢飾有螺旋紋，上背部雲紋與漢代牛形釭燈的紋飾有所差異，故斷代為漢末至六朝時。全器充滿矽酸再結晶，可與前面的漢青玉戰牛玉雕比較。

No.241

漢代青玉仿單煙管牛型釭燈

【長 19.5cm；寬 13.0cm；厚 1.0cm】

　　此件釭燈由多片的玉雕件組合而成，釭燈原為實用的燈器，點火燃燒後的煙，藉由煙管吸入注水的釭內，來達到空氣的淨化。此單煙管牛形釭燈像其形，而無功用，應是漢代時的陪葬品。此釭燈的由來是否與田單復國所使用的火牛陣的尾巴的外形有關？此尾巴外形是否與火焰相同？故以牛為釭燈來代表火牛。

No.242

漢代青玉玉板雕畫組件一：
銅牛燈玉板雕畫組圖

【長 22.5cm；寬 16.5cm；厚 0.5cm】

　　原件應為東漢時，錯銀銅牛燈（1980 年江蘇甘泉出土）。此類的銅燈著名的有長信宮燈（河北滿城出土），雁魚銅燈（山西朔縣出土），本件玉板雕畫由十二塊玉板組件組合而成，應是鑲嵌於某種器物之上，此負載器物腐朽後，玉板雕畫組件散落於泥土中，與周遭環境接觸形成黃土沁、銅綠沁以及水銀沁，相當自然悅目。

No.243

漢代青玉玉板雕畫組件二：
持鉞博虎玉板雕畫組圖

【長 20.5cm；寬 15.0cm；厚 0.5cm】

　　漢代畫像磚中有執斧執鉞者都是雙目圓瞪，兇悍的胡人，表現通常為緝捕、門吏的形象。斧鉞為遠古時的行刑與打仗的兵器，體積比較大，有著弧形刀刃的稱為鉞，小而平刀刃的稱為斧。漢代尚有斧車作為縣官以上顯示威儀的專車，往往車上豎斧置戟。漢代的巫師形象，瞪眼吐長舌，手持斧鉞作法樣，此件玉雕組件一武士手持鉞博虎組圖，顯示著漢代的武士形象。畫像磚中有許多騎射狩獵、鬥牛、鬥獸，射虎的圖樣。

No.244

漢代青玉玉板雕畫組件三：
男女交媾玉板雕畫組圖

【長 24.0cm；寬 14.0cm；厚 0.4cm】

　　三件漢代玉板雕畫組圖，應作為互相佐證。此件交媾的組圖，在中華儒家文化觀念上實屬少見，但既有的文物表現出當時的文化，是不可磨滅的。事實證明漢代尚有此《周禮》記載「中春之月，令會男女，於是時也，奔者不禁。」古人在仲春二月是存在合禮的「空桑野合」。

　　先秦乃至後來秦漢時期的「野合」，其實未必一定是不合「禮法」的，這類的場所典籍中多以「桑台」、「空桑」、「桑林」相稱，所以古代《墨子・明鬼》明確載明「燕之有祖，當齊之社稷，宋之有桑林，楚之有雲夢也。此男女之屬而觀也。」四川新都出土的兩塊命名為「桑林野和圖」的東漢畫像磚，就如此件男女交媾玉板雕畫組圖為桑林野合的最後見證。六朝後無出土「桑林野合圖」，此三件組合圖互為佐證，漢代文化之圖證。

No.245

商代白玉鰈 [1]

【長 4.3cm；寬 3.5cm；高 2.5cm】

　　本件玉鰈與商末青玉「日小乙」祖像相較，皆具有淺浮雕圓形的眼睛、特殊的風格（參考本書的「日小乙」祖像）。鰈中間的鏤空先用桯鑽鑽孔（產生不連續的平行紋），再由直拉的方式修整鑽孔的弧度。眼與鼻四個穿孔，亦由桯鑽鑽孔而成，裡面的鑽痕呈現深淺不一的大錯痕。此件鰈與婦好墓出土的鰈，有相同的高度，應是最早的鰈的樣式。

1　「鰈」本是射箭人右手拇指佩帶的，材料多用角、骨之類。玉質過於光滑不適用，可是存世的鰈，玉質的最多，凡是佩帶玉鰈的人多是不射箭的，或雖是射箭的人，在他不工作時佩帶，它已是一種純粹的佩飾器了。若是把一個鰈繫上繩，佩帶在腰間會覺得它是太厚了，於是有人想出辦法，把它改成扁平形，就適於掛在腰間，這個改製出來的東西，就是「鰈形珮」。鰈形珮發展至漢代，深受貴族們喜歡，出土的鰈形珮量多，樣式多又精緻，通常以鏤空深浮雕雞心珮上深浮雕螭龍，尤其厚度可斷代商周戰漢，西漢與東漢各個時期的演變，最明顯的是鰈形珮的厚度由厚至薄，如後幾件鰈形珮從商代到宋代顯示出其演變的過程。以上摘自《中國古玉圖釋》p.333，那志良 著，南天書局。

No.246

戰國青白玉
韘形珮

【長 5.3cm；寬 3.8cm；高 2.0cm】

此件玉韘為典型戰國時期
的韘，稍有厚度的玉。鑽孔方
式為管鑽鑽孔，而後用桯鑽修
其斜坡，形成一雞心珮的形狀。
此件應只是佩帶用的裝飾品，
而非實用器。韘旁的凸鈎，過
於細小。鑽孔適合食指大小，
而非拇指的厚度，所以應是佩
帶用的韘形珮。商代至戰國的
韘形珮都雕以獸面紋。

No.247

漢代白玉
銅綠沁韘形珮

【長 5.8cm；寬 4.7cm；高 2.3cm】

漢代的韘都已演變成佩帶
用的裝飾品，通常由以雞心珮
形為基底，在其上方雕以鏤空
的螭龍與下方的鳳鳥紋。基底
的底部尚保留戰國時期韘的鑽

No.248

漢代白玉
鐵鏽沁鰈形珮

【長 6.5cm；寬 3.8cm；高 1.3cm】

本件鰈形珮為一雞心珮形
基底上雕以回首螭龍，螭龍的
雕刻表現出強有力的氣場與力
道。基底的穿孔已經無戰國鰈
的斜坡，但刻有游絲的雲紋。
由其螭龍與游絲紋判斷此件鰈
形珮應是西漢末年的雕件。

No.249

漢代至六朝
青白玉白化鰈形珮

【長 6.0cm；寬 3.3cm；高 1.8cm】

本件鰈形珮為以青白玉雞
心珮基底上雕以一螭龍，螭龍
捲曲活潑，但缺乏戰國至西漢
時期的力道，可與上件的螭龍
比較。雞心珮基底刻以游絲紋，
玉質油潤，應為東漢末年之玉
雕件。

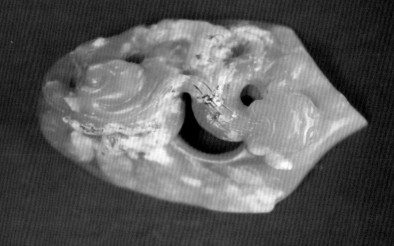

No.250

漢代至六朝青白玉觿形珮

【長 6.0cm；寬 3.7cm；高 1.5cm】

　　本件觿形珮為在雞心珮基底上雕以淺浮雕的開明獸紋。開明獸的觿形珮為難得一見之紋飾。漢代時觿形珮的標準樣式為在雞心珮基底上飾以螭龍，所以此件是為難得的雞心珮樣式，是否與四川蜀國的開明王的圖騰有關？

No.251

六朝青玉鰈形珮

【長 9.0cm；寬 7.0cm；高 0.3cm】

　　鰈形珮演變至六朝時，其厚度只剩薄片狀與雞心珮基底，旁左飾以螭龍，右飾以如意（隨身攜帶如意為六朝之時尚）此雞心珮的背面飾以淺浮雕雲紋（此雲紋亦是六朝流行之雲紋）。

No.252

宋代青白玉韘形珮

【長 7.2cm；寬 4.0cm；高 1.0cm】

　　宋代韘形珮其雞心珮的樣式已非主體，融入在鋪首紋的環狀紋裡，但亦可知其為雞心珮形。背面頂端雕以蓮花紋，中間雕以深浮雕螭龍紋。中間左右各有一迴龍紋尾部結合，此件玉雕融合各元素，應是韘形珮最後的樣式（宋代）。

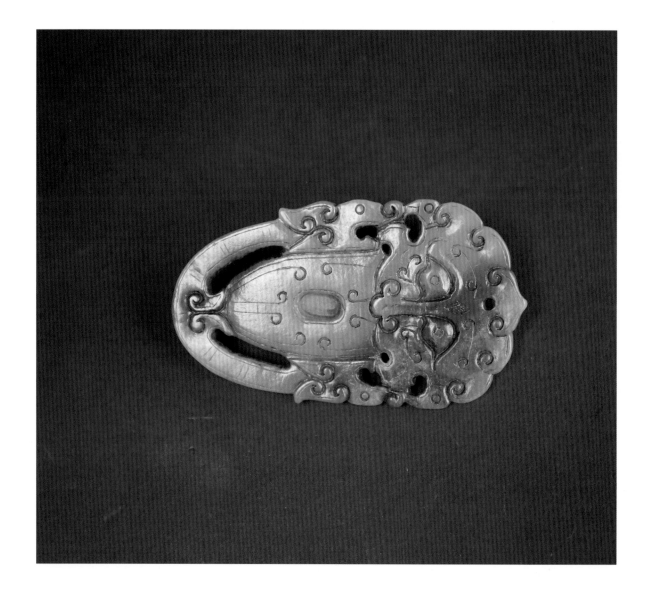

漢代玉鐲

漢代玉鐲型式可分為高筒、中筒、短筒。圓形、扁圓形、環扁形、剖竹形、寬圓形（杠頭）、橢圓形等。喜愛的紋飾有獸面紋、龍紋、鳳紋、雲紋、穀紋、蒲紋、紐絲紋、神仙仙境紋、螭龍紋。高筒鐲子可見於良渚文化、漢、魏時期、明代、其他的年代並不多見，甚至於無。

中筒鐲子最常見於春秋戰國時期，後期亦是可見。短筒鐲子，應為鐲子的主流、良渚、兩代以後綿延不斷。圓形鐲始於何時，各說紛紜，以作者的收藏，剝竹半圓形的雲紋鐲，亦有全器滿工的的圓形雲紋鐲，故圓形鐲應始於漢代。環形鐲、琮形鐲、橢圓形鐲、菱形鐲各種形式玉鐲，明清後，雕工技術進步，鏤空玉鐲、山子玉雕鐲更受仕女們的喜愛。宋代以前鐲子為男人使用穿戴，所以宋代以前鐲子多厚重。宋代後多為女子穿戴用，故宋代後的鐲子較為輕巧美麗。

No.253

漢代白玉高筒龍
紋鐲

【長 8.5cm；寬 8.5cm；厚 5.8cm】

此件龍紋鐲龍鼻長且鼻端
雕以雲紋，此為漢代常見的象
鼻龍。龍身彎曲，飾以鱗紋，
龍身四周圍漢代常見的雲紋，
此即漢畫中氣的紋飾。

No.254

漢代青玉高筒獸
面紋鐲

【長 8.2cm；寬 8.2cm；厚 6.4cm】

本件獸面紋有商代的風
格，就其雕工應為戰國末期西
漢初期之淺浮雕鐲，此鐲前後
各有一獸面紋，由鐲的上下各
留一圓邊，剃地後留有一獸面
紋。

No.255

漢代青白玉
高筒蒲紋鐲

【長 7.2cm；寬 7.2cm；厚 5.7cm】

　　漢代蒲紋鐲，蒲紋雕工整
齊，玉種好，形成臘脂的外皮，
鐲子的上下緣內凹。全器有淺
褐色沁。

No.256

漢代白玉
中筒玉鐲

【長 8.2cm；寬 8.2cm；厚 3.4cm】

　　此玉鐲白玉水銀沁，上有
白斑。全器白玉質地只剩約百
分之二十，其餘皆有水銀沁與
白斑質變。內緣為筒鑽鑽孔，
雕工整齊，故將之歸類為漢代
之物。

No.257

漢代青玉短筒獸面紋鐲

【長 8.3cm；寬 8.3cm；厚 1.5cm】

　　本器為青玉老土大紅，三獸面紋鐲。此獸面紋為戰漢風格之獸面紋。本作者把此形式之三獸面紋定為三陽開泰鐲。此獸面紋定為太一，為道之始，道生一，一生二，二升三，三生萬物，亦為太極生兩儀，兩儀生四象，四象生八卦，象徵著冬去春來、陰陽消長，萬事吉祥。（獸面紋，即為東皇太一，宇宙運轉的中心。）

No.258

漢代白玉短筒
（槓頭）素鐲

【長 9.6cm；寬 9.6cm；厚 1.6cm】

　　槓頭為截面方形鐲的簡
稱，此形狀的玉鐲常見於良渚
文化，一直流傳至明清時期。
此鐲子為白玉，有銅綠沁，鐲
子內緣有切磨的痕跡，使其更
易於穿戴。此器典雅古樸厚重，
銅綠沁，故斷代為漢代之物。

No.259

漢代青玉
鈕絲紋環形鐲

【長 7.7cm；寬 7.7cm；厚 1.5cm】

　　鈕絲紋鐲為戰漢時常見之
樣式，無論淺浮雕之鈕絲或深
浮雕之鈕絲都是常見。至清代
時雕刻進步，可把鈕絲立體化，
一件鐲子可雕出三條鈕絲，四
條甚至於五條鈕絲立體交纏之
鐲子。此件淺浮雕鈕絲上有鐵
鏽沁，外緣光滑無紋。

No.260

漢代白玉
剖竹形雲紋鐲

【長 8.2cm；寬 8.2cm；厚 0.8cm】

　　此雲紋尚無整齊對稱，故
應歸為戰國末期至西漢初年。
無論圓形或半圓形（剖竹）的
雲紋鐲為戰漢時期常見的款
式，只展示一件作歸類之用。

No.261

漢代青玉雲紋
環形鐲

【長 8.0cm；寬 7.4cm；厚 1.4cm】

　　環形，即為扁平狀、寬大於
高度、看似扁平。此器雲紋對稱，
鐲外圈雕以淺紐絲紋。紐絲紋、
雲紋都為漢代喜歡之紋飾。

No.262

漢代白玉龍紋鐲

【長 8.0cm；寬 7.4cm；厚 1.4cm】

　　淺浮雕刻一龍首，身軀糾
結，周圍飾以雲紋，外形略為
橢圓形，全器受沁嚴重（水銀
沁、褐色沁、石灰沁），但仍
保持美麗的外觀。

No.263

漢代青白玉
螭龍紋鐲

【長 10.0cm；寬 9.3cm；厚 2.8cm】

　　本件器形厚重，雕以深浮雕龍紋、鳳紋、熊紋，穿雲糾結，外
圍形狀不整齊，全器有褐色沁、鐵鏽沁，水銀沁且玉質內有飯滲沁。

No.264

（鐲1）【長 7.8cm；寬 7.8cm；厚 2.0cm】
（鐲2）【長 7.8cm；寬 7.8cm；厚 1.9cm】
（鐲3）【長 6.9cm；寬 6.9cm；厚 1.5cm】
（鐲4）【長 7.8cm；寬 7.8cm；厚 1.8cm】
（鐲5）【長 7.8cm；寬 7.8cm；厚 1.8cm】

漢代青玉鐲

　　鐲1，是漢代青玉靈山圖紋鐲，靈山圖紋畫的內容有四虎、雙鳳、雙茱萸紋，奔跑於山氣之中，其氣為漢代風格的雲氣紋，此雲氣紋常見於漢代鎏金的器物之上，或者在畫像石中。

　　鐲2，是四虎紋，虎首向前向後各二，奔跑於山氣紋之中。

　　鐲3，是一人三犬紋，一人雙臂展開之動作，旁有雲氣紋與山形紋，三犬奔跑於四周。

　　鐲4，是四鹿紋奔於山氣紋之中，鹿一前，三回首，鹿周圍雕以陰刻雲紋來表示於靈山中。

　　鐲5，是四兔紋，兔一向前，三回首，周圍雕以回卷紋表示山氣，亦表示靈山中的奔兔。此一組五件的漢代手鐲可知漢代的畫風與喜愛的題材。

No.265

漢代白玉髮束

【長 6.8cm；寬 6.8cm；厚 4.1cm；簪長 11.2cm】

　　髮束用於固定髮髻，若無髮簪，就如手鐲，整個髮束形如良渚文化常見的手鐲，但其國度太小，不適合手鐲，此種髮束常見於漢代之前的帝王、貴族們使用。故每每有機會見到珍品髮束。

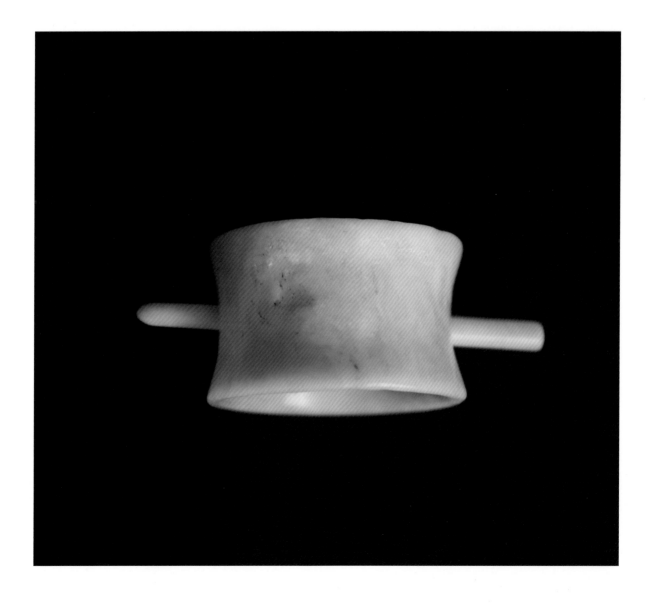

漢代至上之神

東皇太一、九歌祭典

　　本章就以所收集的玉器來解說屈原《楚辭．九歌．東皇太一》中，當時春分祭典的狀況與文化內涵。《九歌．東皇太一》說「吉日兮辰良，穆將愉兮上皇，撫長劍兮玉珥，璆鏘鳴兮琳琅。」

　　「吉日兮辰良」即良辰吉時（指春分祭典），「穆將愉兮上皇」即恭敬地祭祠東皇太一，「撫長劍兮玉珥」即手撫鑲玉的長劍，「璆鏘鳴兮琳琅」指當時祭典時的音樂歌聲、舞蹈的盛況。此即表面上的《九歌》中的東皇太一的祭典。本作者想要探討漢時，對漢代最尊神「東皇太一」的祭祠內涵。此祭祠內涵參考《周易．天文．考古》（陸思賢 著，文物出版社）一書。

　　「吉日兮辰良，穆將愉兮上皇，撫長劍兮玉珥」從《周易．天文．考古》一書 P.33 中指出「吉日兮辰良」，即春分祭典。上皇即春分時初升的太陽。「撫長劍兮玉珥」，指日出之景的曙影，東西橫長中分整個天地宇宙為南北兩部分。玉珥即鑲在長劍上的玉器（本作者認為就是戰漢流行的玉

劍具）。從陸思賢一書中與以作者收集的玉器來印証《九歌．東皇太一》的祭典。上述涉及良辰吉日與人物（東皇太一）及長劍三者。三者一體三面，息息相關，不可分割，但從人物先解釋，較易瞭解。上皇：顧頡剛先生著作《三皇考》，對金文、甲骨文的「皇」字有著詳細註解。「皇」字初形認為像剛從地下出來光焰上射的景象。顧頡剛認為「皇」即初升的太陽。再由作者收集的玉器中的「上皇」，即為帶皇冠的人物。皇冠，可為初昇的太陽冠，而此件即為戴太陽冠的上皇形象。馬王堆中的旌旗帛畫中的上中方位置－至尊之神，即為西漢時太一的形象，人身龍尾。

No.266

春秋戰國青玉紅化
東皇太一雕像

【長 20.2cm；寬 13.5cm；厚 0.7cm】

　　太一神，蹲坐，手持長劍，頭戴日冕冠，日冕像初升的太陽，左右為雲霞，劍指向夾於兩腳間的獸首，此獸首應為龍首。長劍指向龍首，其內涵就如《九歌》中「東皇太一撫長劍」如春分日出之晷影。劍指東宮蒼龍，即是春分日，日出時，日纏西宮白虎，此時東宮蒼龍由西邊入於地平面下，就如日晷影之劍刺向東宮蒼龍，此即為春分的內涵。也就是說太陽、東宮蒼龍（大火心宿二），西宮白虎的參宿成為一直線在黃道與赤道重疊之上。此玉雕的文化內涵直指東皇太一的形象。

No.267

春秋戰國青玉紅化太一雕像

【長 22.2cm；寬 10.2cm；厚 1.2cm】

　　太一神蹲坐，手持長劍，頭戴日冕冠（此日為上升的太陽，左右為雲霞形狀。即為玉珥）。長劍指向夾於兩腳間的獸首。蔽膝上刻有「井」字紋與「三平行線」紋。「井」紋即為星晷紋。「三平行線」，上為「夏至」，中為「春分、秋分」，下為「冬至」，即二分二至的日晷紋。亦是代表著東皇太一控制著整個宇宙的至尊之神。

251

No.268

春秋戰國青玉紅化東皇太一雕像 【長 22.5cm；寬 13.4cm；厚 1.0cm】

　　由青玉雕成的蹲坐太一神，手持長劍，頭戴璜冠。璜，雙龍首向上，即為甲骨文的「璜」字（見
p.148 甲骨文字 4，四）。「璜」字的內涵，指東宮蒼龍，春分日，太陽由正東卯門出，正西酉門入，
形成一直線。蔽膝上有「井」字的星晷紋與平行的日晷紋。

No.269

漢代至六朝白玉太一璜璧

【長 8.0cm；寬 7.5cm；厚 0.6cm】

　　漢代系璧通常為佩帶使用，常作為觀賞贈送之用。此玉璧把漢代最高神祇，太一的故事，雕刻於鏤空的系璧上。太一（伏羲）人首龍身，位於璧中間。璧如日，太一如皇，為漢人太皇真神的內含。而璧由雙龍環抱，即如春分秋分時，東宮蒼龍由卯門出，酉門入，即日纏東宮蒼龍的秋分祭典。雙龍向上，似璜的內含。本件璜璧有紅色沁、鐵鏽沁、銅綠沁。

No.270

玉質不辨東皇太一
祭祠四瑞禮器玉雕（四件）

（持圭玉斧〔鉞〕）【高 32.5 ㎝；寬 11.0 ㎝；厚 2.0 ㎝】
（持璧玉劍）【高 35.5 ㎝；寬 8.5 ㎝；厚 2.0 ㎝】
（持琮玉劍）【高 33.0 ㎝；寬 6.0 ㎝；厚 2.0 ㎝】
（持璜玉刀）【高 33.5 ㎝；寬 6.5 ㎝；厚 2.0 ㎝】

　　四瑞為所持之圭璧琮璜。東皇太一戴日冕冠，雙大耳（如玉珥），雙手持四禮器於胸前。持圭玉斧（鉞），玉斧端，雕有虎首，斧柄左右一鳳一雲紋。此玉件的深層內涵亦是「吉日兮辰良，穆將愉兮上皇，撫長劍兮玉珥」。吉日兮辰良即是春分，堯舜時曰「載」，夏時曰「歲」，「歲」與「載」皆從「鉞」，從「戈」，代表的是「年」字，如甲骨文的「歲」字（1，二）。虎首代表著春分祭典時，日纏西宮白虎，即日出時，西宮白虎正處於東方的天空。而其參星（參宿），正在卯門，而太陽亦是由卯門出，而此時東宮蒼龍星座心宿（如鉞形狀），正由西門下，所以此一玉件為戰漢時祭祠春分祭典時之禮器所隱藏的內涵。

　　持璧玉劍，劍刃兩側為雙鳥，雙月如玉珥，雙鳥代表「日」，雙月左右各半平分，代表持長劍把宇宙分為夏半年與冬半年，亦即春分秋分時，太陽由黃道進入赤道，把宇宙分為兩半。此亦即「撫長劍兮玉珥」長劍即是春分時的日晷影，白天、晚上同長，早上、下午同等。

　　持琮玉劍，劍刃兩側為雙鳥及如甲骨文「帝」字。「穆將愉兮上皇」，上皇即為「天帝」，及至楚漢為至尊之神。

　　持璜玉刀，玉刀背口刻有一鳥。此玉刀的內涵與撫長劍兮的玉劍是相同的。此玉刀後人可稱為赤刀或屠龍刀，亦是此刀可把宇宙分兩半。每個民族不同，如匈奴喜歡用刀，所以匈奴的神刀利器，都尊為赤刀或徑路刀。漢民族喜用劍，所以稱為「太一劍」。故「太一劍」與「徑路刀」或「屠龍刀」其實內涵都一樣。代表著春分秋分時，可把地球宇宙分半的一把太陽刀（赤刀）。赤即「大火」。

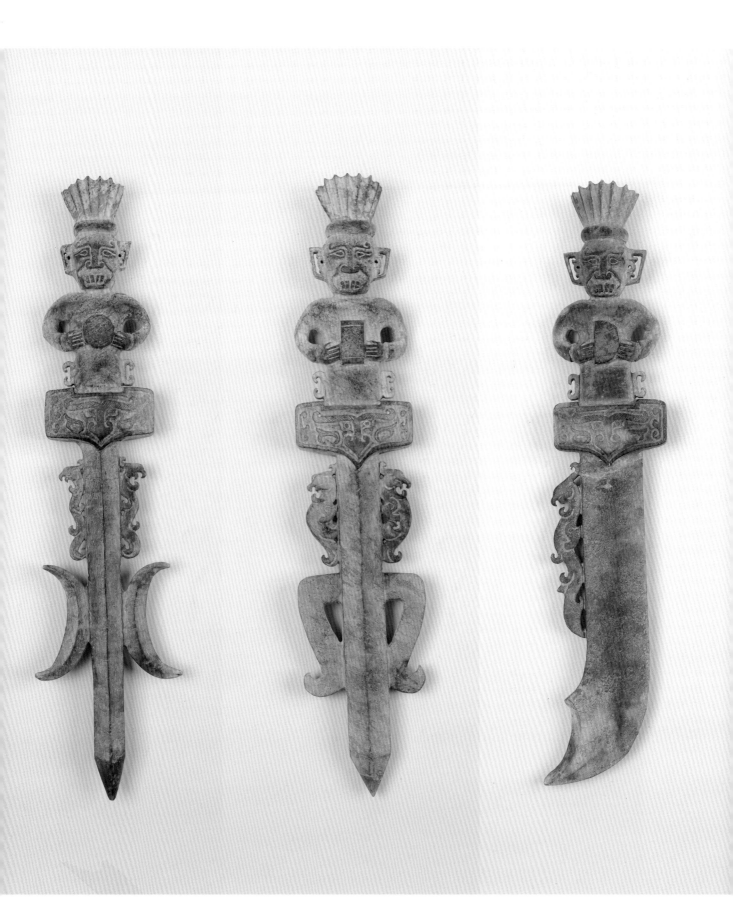

No.271

戰國青玉翁仲龜璧斧

【長 23.0 ㎝；寬 18.0 ㎝；厚 3.0 ㎝】

　　翁仲，漢時流行的隨身玉珮，作為護身符，外觀形象以簡單的漢八刀雕刻而成。通常翁仲以戴武冠的立人、三角形的人臉、三角形的鬍子等簡單的形象，風格明顯。此翁仲龜璧、翁仲首，前為龜身，後為四靈璧。明顯的，此翁仲龜璧為祭祠的神靈，為最早的翁仲形象（本翁仲龜璧為十三幾件戰國時玉雕之一，故可確定為戰國玉雕）。其外形就如甲骨文的「龜」字。（參考《中華高古玉雕綜論》一書，p.212）。下端斧刃磨有單斜邊，持斧即為父，就是部落的首長或君王。斧與四靈獸璧結合。代表著此斧即為徑路刀（斧鉞在遠古時同義，為歲為戴。）此件玉器皮殼風化浸蝕嚴重。沁色明顯，應為南方坑口，楚國之地。

No.272

戰漢至魏
青玉翁仲鐲

【高 8.5 cm；寬 8.5 cm；厚 3.7 cm】

　　半筒青玉鐲筒內壁充滿再
生結晶；外壁雕有淺浮雕十翁
仲。此翁仲形式近魏晉時期。
十翁仲代表著日晷或十天干之
意，也是代表著一環一歲。翁
仲袖子上有三陰刻線，亦是日
的年軌跡。上為夏至，中為春
分秋分，下為冬至的循環年軌
跡，可印證當時的翁仲與太一
應是同人。

No.273

漢代青白玉
四方翁仲勒

【高 5.4 cm；寬 2.6 cm；厚 2.6 cm】

　　漢代承秦，雍四時（祭白、
青、黃、赤四帝）（雍地、春
秋戰國時秦國都城，雍城）。
漢高祖在雍增立北時，變為雍
五時（時，古代祭祀天地、五
帝的祭壇）四方翁仲應是代表
著東帝、南帝、西帝、北帝的
四方帝，亦是太一佐。

No.274

漢代巴蜀地區青玉彩漆
持太一（太乙）劍祭祠雕件

【高 37.0 ㎝；寬 9.5 ㎝；厚 8.0 ㎝】

　　本件雕像人首頭戴冠飾（三星堆特殊的冠飾）。頭頂、黑色髭髮與巫覡持璧雕像同。身穿黑色彩金邊戰甲、內穿綠色大袍，腳穿紅色褲子、黑色靴子。雙手持太一（太乙）劍[1]於身前。全器彩漆，施以金邊紅線。

1　太一（太乙）劍如圭，日暈紋代表日，紅色的圈圈代表春分迎日的卯門。如「冒」（豆之春芽，冒地而出），如紅色圈圈冒地而出的樣子。

No.275

漢代灰白玉太乙劍

【長 36.5 ㎝；寬 7.0 ㎝；厚 6.1 ㎝】

　　此太乙劍劍首雕有一神，此神雙手置於胸前，身體連於劍身，如「撫長劍兮玉珥」之撫長劍。劍身兩側左右各一鳥一龍「如玉珥」。鳥代表日，龍代表東宮蒼龍。此劍可把日分半、東宮蒼龍分半，亦是代表「徑路」，代表春分秋分時可把宇宙分半的一把神劍。劍身亦雕有一鏤空長線，如把劍身一分為對半。

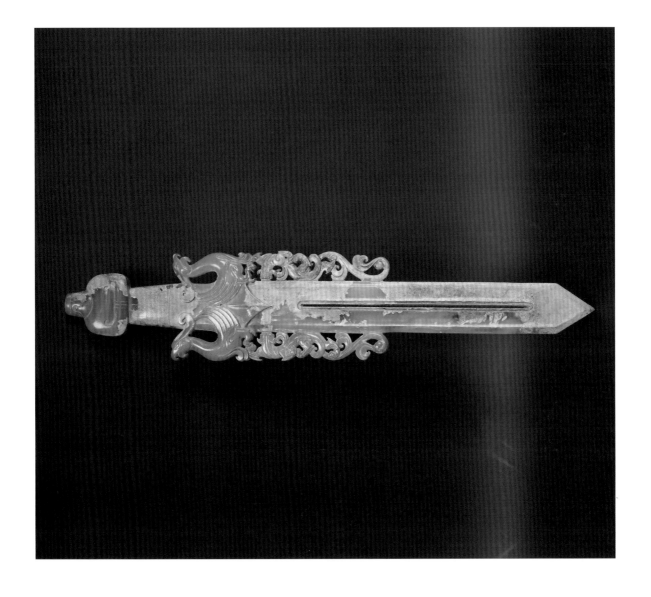

No.276

東漢黃玉玉劍具（四件）

（劍格）【長 10.2 cm；寬 5.6 cm；厚 2.6 cm】
（劍首）【長 8.0 cm；寬 8.0 cm；厚 2.0 cm】
（劍珌）【長 8.0 cm；寬 7.5 cm；厚 2.4 cm】
（劍衛〔兩張〕）【長 17.8 cm；寬 4.0 cm；厚 2.5 cm】

　　戰國時為小尺寸的玉劍具，傳承至東漢時，轉變為華麗而碩大的玉劍具。本玉劍具體量較大，相對於劍身，應是長而無用的裝飾品。劍格如圭，上雕有一獸面紋。劍首如璧，中間雕有三螺旋的太極紋，周圍飾以十二組的連雲紋。劍首的背後為當時劍首與劍柄連結的製作方式。劍珌如琮，如四方鬥上飾有連雲紋。劍衛如璜，璜即為雙龍首的虹形，代表春分秋分時，東宮蒼龍由卯門出，酉門入，如虹狀。此劍衛刻有一龍首，龍身刻有一整組的連雲紋。側面就如甲骨文卯字的一半。印證此劍衛即為「璜」，卯門出酉門入。

　　漢時講求陰陽學說、長生不老五行之術。所以此玉劍具中劍首、劍格為陽，劍珌、劍衛為陰。陽者抽離如陽、陰者納陽，合而為一。劍首如璧如日。劍格如圭如天地四方為陽。劍珌如琮如鬥，劍衛如璜，如雙龍，為東宮蒼龍為陰，此即漢時凡事講求陰陽如一的一例。此劍衛的龍首、雲紋身，如春分日時東宮蒼龍入酉門，拉著太陽從卯門出，表現在玉劍具上的內涵。

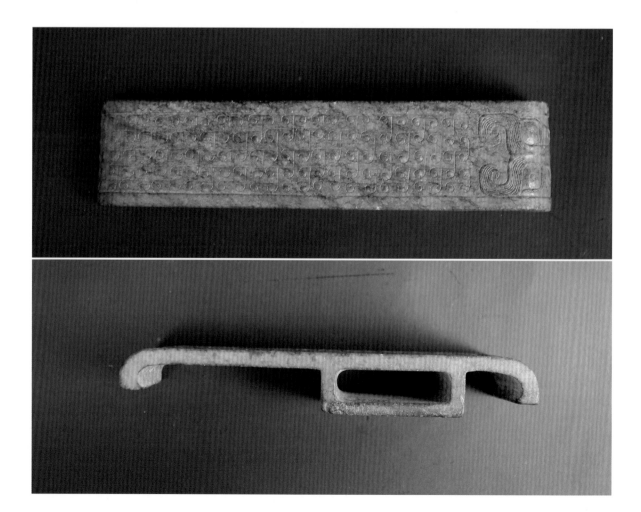

No.277

漢代三星堆青玉彩漆巫覡持璜琮圭璧雕像

（左一）持璜雕像【長 36.5cm；寬 9.0cm；厚 7.8cm】
（左二）持琮雕像【長 32.5cm；寬 9.0cm；厚 8.0cm】
（左三）持圭雕像【長 37.0cm；寬 9.0cm；厚 7.8cm】
（左四）持璧雕像【長 36.5cm；寬 8.8cm；厚 8.0cm】

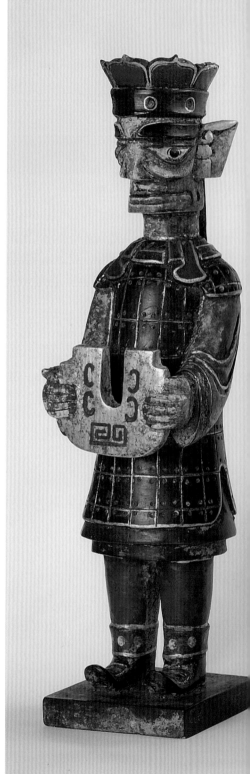

　　周時六瑞，琮、璜、圭、璧、琥、璋，漢時三星堆祭祠時固剩四瑞，即琮璜圭璧，已不見琥與璋。尚有其他的出土玉雕，證明祭祠的禮器，亦無琥和璋。四瑞中各有其內涵，圭即六合，即是上古時期宇宙的概念，天是蓋笠（三角形），地為四方，兩者結合，即為圭形。琮為四方，代表著「鬥魁」，代表宇宙、太極的循環。璧代表「日」，代表著宇宙的循環，代表著四時周易。璜代表著「雙龍璜」（由甲骨文即可知璜即「虹」），代表著徑路，春分秋分時東宮蒼龍由卯門出西門入，日夜同長，夏半年、冬半年等長。此四瑞代表著時間、空間、天地、日夜循環不已，亦是三易之法的連山、歸藏、周易之義。

　　《周禮》所說的五瑞，即圭璧琮璜璋等五瑞玉。後來漢儒將玉琥納入了瑞玉中，變五瑞為六瑞。而巴蜀地區一組四件青玉彩漆祭祠雕像，手中各執圭、璧、琮、璜等禮器。加上其他一些巴蜀地區出土玉器看來；在巴蜀地區三星堆文化中，巫師在祭典上所使用的禮器就是圭璧琮璜，這「四瑞」既非《周禮》中所提的「五芮」，也不是漢儒所指的「六瑞」。

　　持圭雕像上的圭上面刻有一字，應為「婦」字，代表「魚婦」，是為顓頊。顓頊與祝融皆為北方之神。祝融為火神，火神尚紅。北方尚黑[1]，所以巴蜀地區以紅色與黑色為其崇尚之色。三星堆巴蜀地區為楚之後代。楚主祖先為顓頊。三星堆巴蜀的祖先為祝融。顓頊和祝融一脈相傳，所以二者有共同的祖先。

1　漢代盛行的五行，金、木、水、火、土，西方為金尚白，南方為火尚紅，北方為水尚黑，東方為木尚青，中方為土尚黃。所有巴蜀地區青玉彩漆雕像，與秦時兵馬俑同為人首與身體分開雕塑後組合而成。

No.278

漢魏鎏金灰白玉「東皇太一」祭典組玉（五件）

（主祭官）【長 14.0cm；寬 4.0cm；高 2.2cm】
（通神巫祝）【長 11.1cm；寬 3.2cm；高 3.2cm】
（撫琴長俑）【長 12.0cm；寬 3.5cm；高 2.7cm】
（手鑼樂俑）【長 11.7cm；寬 4.0cm；高 1.8cm】
（手風琴樂俑）【長 12.0cm；寬 4.0cm；高 2.5cm】

　　《九歌・東皇太一》說「吉日兮辰良，穆將愉兮上皇，撫長劍兮玉珥，璆鏘鳴兮琳瑯」。主祭官頭戴遠遊冠，身著大袍，左襟右衽，手撫長劍，恭敬姿態。通神巫祝頭戴圓形太陽冠，著大袍深衣，成長跪資，恭敬之帽。「璆鏘鳴兮琳瑯」樂俑三人，撫長琴俑。手鑼樂俑。手風琴樂俑，頭戴鳥冠，深衣，左襟右衽，披帛下垂於兩側。一組祭典組玉俑共五件，應有遺失的組件。五件組玉俑皆有鎏金，局部已脫落。

No.279

漢至六朝青玉文官祭祠雕像

以青玉雕刻而成的文官，方面大耳、頭戴文官帽、直立身穿左襟右衽，窄臂寬袖衣裳，衣上飾有雲紋。下著方格長裙。左肩有鳳鳥，右角琮邊有一老虎，琮上方有一璧，璧上攀附雙螭龍。文官身旁繞有瑞獸，可見此文官亦是仙人。文官以琮、璧、圭、璜來祭祠天地四方。全器有明顯的黃色土沁，可以證明戰至漢時祭祠的四瑞（圭、璧、琮、璜），明顯有別於周禮的六器（圭、璧、琮、璜、璋、琥）。

No.280

東漢白玉太一玉劍具（四件）

（劍格）【長 9.0 ㎝；寬 6.5 ㎝；厚 3.0 ㎝】
（劍首）【長 9.5 ㎝；寬 8.0 ㎝；厚 2.5 ㎝】
（劍珌）【長 9.0 ㎝；寬 7.0 ㎝；厚 3.0 ㎝】
（劍衛）【長 14.0 ㎝；寬 4.0 ㎝；厚 2.5 ㎝】

　　玉劍具、劍格、劍首、劍珌、劍衛就如祭祠的四瑞的禮器圭、璧、琮、璜，劍格如圭；劍首如璧；劍珌如琮；劍衛如璜。玉劍具上雕有太一像人首龍尾（蛇尾），玉劍具就是「撫長劍兮玉珥」中的玉珥，玉珥上的太一像就是「上皇」，此組玉劍具即為描述「穆將愉兮上皇，撫長劍兮玉珥」，今日長劍已失，只留玉珥。

匈奴徑路刀與漢朝太一劍的內涵

	四	三	二	一
1	弋	荓	荓	呈
2	死	荓	荓	荎
3	介	凶	茟	荲
4	兆	ʔ	ʔʔ	兆

《說卦傳》說「艮爲山」，山爲小石，指的是東宮蒼龍的龍心，大火心宿二。當春分與秋分這兩天，東宮蒼龍的心宿帶領著太陽由正卯門出，正酉門下，構成一條正東正西的橫線稱「卯酉線」，也就是「徑路」，一如一把刀將大地與天體一分爲二，所以「徑路刀」有兩種各自表述的方式：（一）如「我」字，刀刃上有鋸齒的刃（即二分二至的春分秋分，請參考左圖）。「我」這種奴隸社會殺人的凶器，到了戰國時代，被後起的武器淘汰，於是「我」字在漢唐以後便普遍借用來作爲第一人稱使用，還是讀爲「wǒ」字音，至今不變。「我」從「戈」、從「手」，「手」或說古「垂」字，一曰「禾」字。（二）如火字形的「鉞」（請參考右圖），由考古發現鄂爾多斯式青銅器，有一些馬首（龍首）或鳥首（太陽鳥）的寶刀，便是匈奴人所使用的「徑路刀」，其文化內涵即來自於「赤刀」，徑路其文化內涵，即三易之法之連山、歸藏。

甲骨文字「1，四」弌（古文「一」）爲小篆「一」，弋代表著太陽神，「弌」代表著太陽神初生之始。能把宇宙分陰陽各半之「一」刀，非陰非陽、能陰能陽。亦可說太初混沌的「一」。一，開天闢地三初，道立於一體化的整體。而太陽神帶「一」（太一劍或徑路刀）開天闢地，分出天地「二」極，產生陰陽三判。《老子》「道生一，一生二，二生三，三生萬物」。道生一，由初混沌的一，分出天地「二」，再生出「三」的人。而宇宙就是由天、地、人衍化而成。

甲骨文字「1，二」，歲，《爾雅．釋天》：載，歲也。夏曰歲，商曰祀，周曰年，歲如年也。《淮南子．天文訓》中說：「東方木也，其帝太皞（昊），其佐句芒，執規而治春；其神爲歲星，其獸蒼龍，其音角，其日甲乙」。《尚書．堯典》又說：「分命羲仲，宅嵎夷，曰暘谷。寅賓出日，平秩東作。日中，星鳥，以殷仲春。厥民析，鳥獸孳尾」。「分」春分也，「羲仲」專職做春分迎日祭典工作。「日中」春分日，白天與黑夜等長。「星鳥」學者李約瑟考證《中國科學技術史．天文學》「星

鳥」爲長蛇座α星，長蛇座相鄰黃道跨越了南宮朱鳥到東宮蒼龍之間，東西橫長，布滿春分夜晚的天空，也應寓意春分日，黃道與赤道相交，構成一條正東西的長線，便如《尚書．顧命》中記載的「赤刀」，並與「天球」並列。都是周天子承天命的傅國重寶，此「赤刀」是寓意「天赤道」把整個星空對分開，分成南半天與北半天。「分」字，別也，從八從刀。《說文解字》說「分，別也」是指春分日爲起點，歲時進入夏半年，並告別秋收冬藏的冬半年。所以赤刀相對應的太一劍，赤刀爲春分夜晚天象，太一劍爲春分日，日晷的天象，都是在春分日把宇宙分成上下、南北、日、夜等長的寶劍寶刀。「歲」字甲骨文，從「鉞」從「弋」，「弋」字爲太陽神在春分日帶兵器由天赤道（黃道）進犯「赤道」。「鉞」如「火」，甲骨文「火」字如武器鉞的形狀，代表東宮蒼龍的大火心宿二，歲時，夏半年始於春分日。春分日，東宮蒼龍入酉門時拉著太陽從卯門出，正是甲骨文「歲」的表現。故太一劍爲陽、赤刀爲陰，符合戰漢時陰陽學說。

甲骨文字（2，一）娥字、甲骨文字（2，二）我字、甲骨文字（2，三）義字，《山海經》說「帝俊妻娥皇，生此三身之國，姚姓……」。甲骨文「娥」字，從女從我；「姚姓」從女從兆。我字從戈，代表立竿測時的「立竿」，三身代表日晷影日出、日中、日落三晷影，就如天赤道、赤刀、徑路。姚姓，從女從兆。「兆」即是古文卯字。所以娥皇代表日由卯門出，日出、日中、日落三連身一直線，亦代表帝俊之身。帝俊，皇也如「皇」字。

「我」字從「戈」與三晷影（日出、日中、日落），代表立竿測影的過程。

「義」字從「羊」從「我」，「兮」音羊，即立竿的圖騰柱，代表伏羲皇的圖騰。

1　參考《周易．天文．考古》一書，作者　陸思賢，文物出版社出版，2014 年 2 月版。

No.281

漢代青白玉
匈奴馬首刀

馬首刀或馬龍首的青銅刀，是典型的徑路刀，可以體現匈奴民族的龍文化[1]。

1　參考《周易．天文．考古》p.245，陸思賢 著，文物出版社出版。

【長 27.8cm；寬 3.2cm；厚 0.6cm】

No.282

漢代青白玉
徑路刀

此刀由青玉雕以龍（虎）紋為柄，青玉刀身有七小孔連成一線，代表的是北斗七星。刀背有三個「火」字，商王像背後為俗稱的「卷雲法器」。卷雲法器代表的是大火心宿二，就有如雙龍搶珠，代表春分、秋分時龍虎連成一線。全器有很明顯的褐色及黃白色沁，縫隙處有泥土沉積物。

【長 16.5cm；寬 3.3cm；厚 0.6cm】

No.283

漢代青玉徑路劍

【高 18.7cm；寬 4.4cm；厚 0.8cm】

　　徑路，中國古代的刀劍（特別是北方系統的短刀劍）。短劍是匈奴典型的武器，《逸周書·克殷》記載，周武王用「輕呂劍」擊刺商紂王屍體，其所謂「輕呂」，據日本學者江上波夫考證，應是匈奴語「徑路」的另一種寫法。而西周銅器「師同鼎」提到戎人使用的「劍」，這種劍也應當是指「徑路」式短劍。劍首部分為兩個圈圈的心形，代表（豆之春芽，冒地而出）的卯門，亦代表此劍為徑路劍、太一劍。

No.284

商周時紅山文化青玉「徑路刀」 【長 44.0cm；寬 12.5cm；厚 0.9cm】

　　此徑路刀，龍首握柄「火」字刀刃，刀格為二分二至的三條線形（此形狀代表當時人民對於「年」的概念，二分二至，年復一年。）此徑路刀的文字屬於比較繁複的甲骨文，故將之定位於商周之間，而其刀頭部分有一甲骨文「卯」字，可知此玉刀即為日出卯門時，東宮蒼龍由西門下的徑路，故稱為徑路刀。

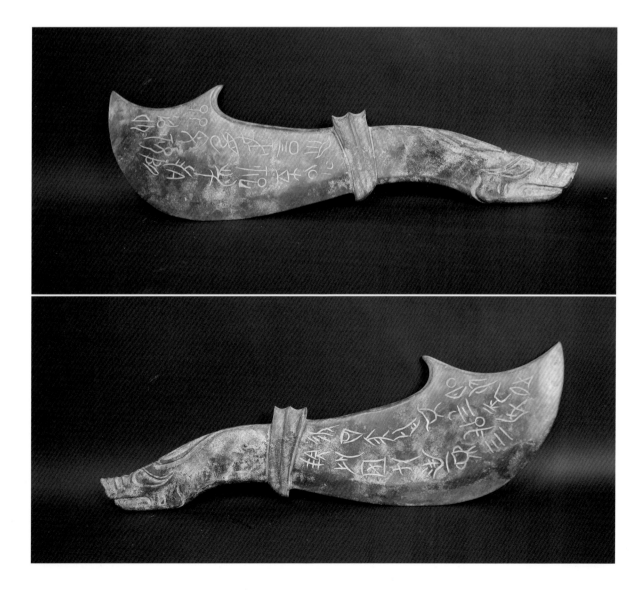

No.285

商周時紅山
文化青玉龍鉞

【高 37.0cm；寬 15.0cm；厚 2.0cm】

　　鉞，隱含著「歲」字，「歲」字甲骨文從戈、從鉞，所以，非武器之鉞通常代表「歲」、「年」。此鉞紅山龍首柄（代表東宮蒼龍），日運行軌跡的刀刃狀，代表日。龍鉞的中間有商周時二分二至的圖案，所以此件龍鉞內涵著春分日，東宮蒼龍帶領著太陽由卯門出，而蒼龍由酉門入的春分祭典的禮器。

No.286

商周時青玉
商王虎鉞

【長 23.0cm；寬 21.0cm；厚 3.7cm】

　　鉞柄部，左為商王，右為虎首。商王以二分二至的圖案為髮飾，代表此商王為日君。商王死後都視為日，如「日小乙」。而且徑路就是比擬春分秋分日時，太陽帶戈（兵）由黃道進犯赤道，就是徑路，此即擬人化的太陽神。又由商代的後裔，把商王比擬成太陽神。所以此鉞為祭祠秋分時的禮器。秋分時，日出卯門，而西宮白虎由正酉門下地平線。

No.287

周時商文化青玉「斤」

【長 27.0cm；寬 14.0cm；厚 2.0cm】

　　「斤」應附有柄，才能使用。此「斤」無法附柄，故應是作為禮器之用。「斤」人首柄，圓形「斤」刃，人首頭頂「火」形頭飾，明顯為大火心宿二的「火」字。髡髮於後，髮形即為二分二至的日年晷紋。所以，此「斤」亦是如鉞，為春分秋分時祭祠的禮器。人首髡髮，外形可視為商民族的樣貌。

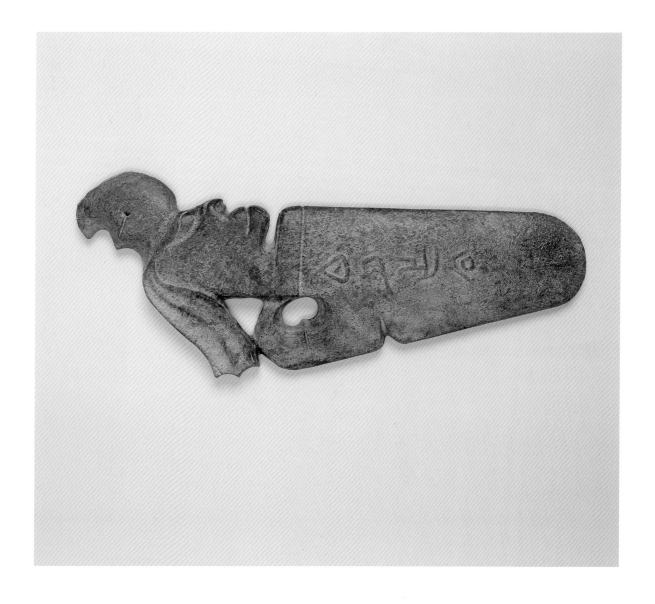

No.288

商代青玉天穹圖騰鐲

【外徑 9*9cm；內孔 6*6cm；高 4.0cm】

　　展開圖中的獸圖，即為太陽日形圖，從湯谷、日中、禺谷、日落於底部缺口的虞淵休息，此為一日的軌跡紋。上下各一獸紋，代表上中天（夏半年）的日軌跡紋與下中天（冬半年）的日軌跡紋。中間雙箭頭紋如下圖，地球儀的北迴歸線、赤道、南迴歸線形狀相同，其內涵代表著上古時期宇宙的概論：二分二至（春分、秋分、夏至、冬至）。

　　北迴歸線即為夏至點（代表上中天）；赤道即為春分、秋分點；南迴歸線即為冬至點（代表下中天）。此一地球儀很容易解釋天穹圖騰鐲的內涵。獸紋代表一日軌跡紋。雙箭頭紋即是日的年軌跡紋，此玉鐲可確定上古時期的宇宙觀（二分二至）。

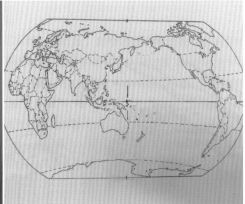

No.289

春秋戰國青玉鏡（徑路圖）

【長18.0cm；寬18.0cm；厚1.7cm】

　　此玉鏡背面有小篆字與圖紋，其意涵與商代天穹圖騰鐲相同。互相比較，才易瞭解。鏡背紋中如亭閣狀的圖紋，即是日軌跡紋，就如鐲之獸紋。亦可以「六」字天地，六合來代日軌紋，上下對稱，亦代表「上中天」（夏半年）、「下中天」（冬半年）。中間三橫線代表北迴歸線（夏至）、赤道（春分秋分）、南迴歸線（冬至）。左右各一圓形，有一穿孔，代表春分秋分時太陽運行在赤道上，白天與晚上等長，又表示由卯門出、酉門入。

No.290

戰漢白玉徑路珮

【長6.7cm；寬4.1cm；厚0.6cm】

图6—5　战国曾侯乙墓漆箱星象图（湖北随县出土）

1. 盖面　2. 东立面　3. 西立面　4. 北立面

此為雞骨白紫色壽衣沁的徑路珮。橢圓形為戰漢時對於星空中二十八星宿的排列形狀，亦是戰漢時，認為天的形狀為橢圓形，此一觀念可由戰國曾侯乙墓漆箱星象圖中的二十八星宿看出。橢圓形徑路珮，一端為虎、三角耳；另一端為龍，龍有雙角，中有一日（日有光芒）。

玉珮的兩端皆穿有一連線之孔。這一連線把日、東宮蒼龍、西宮白虎形成一徑路，代表春分、秋分的景象。珮的背面、陰陽分半，上半部為陽有十龍首，代表天干，即陽；下半部有一獸面紋，其中間有眉間尺，代表陰。獸面紋底部有雙卷雲紋，代表卯門，卯代表「冒」，如豆之「冒芽」。

No.291

商末周初青玉鉞

【長 19.3cm；寬 12.3cm；厚 2.0cm】

　　此鉞半圓形刃，鉞背上有三孔、雙人首，人首相背。在遠古時，代表的是實沈（參星），居於西方（代表夏朝），與伯逢或閼伯（大火心宿二），居於東方（代表商丘）。堯帝時封閼伯為火正。後世稱為火神祠大火，而火紀時焉，相土因之，故商主大火。

　　大火代表商朝。三孔代表東（日出）；日中、（日落）西。徑路時，閼伯（日出）、日中、（日落）實沈，在春分秋分時，成一直線，是為徑路，所以此鉞即為「歲」字。「歲」字從「戈」、從「鉞」。此春分日時，日出、日中、日落成為一直線，代表太陽神帶兵進入赤道，故此青玉鉞隱含的內涵即為春分日、參宿、太陽、日出、日中、日落心宿在於一直線上，此線稱為 w 徑路，此即「歲」實的星象之象，此鉞可稱為「徑路刀」或「赤刀」。

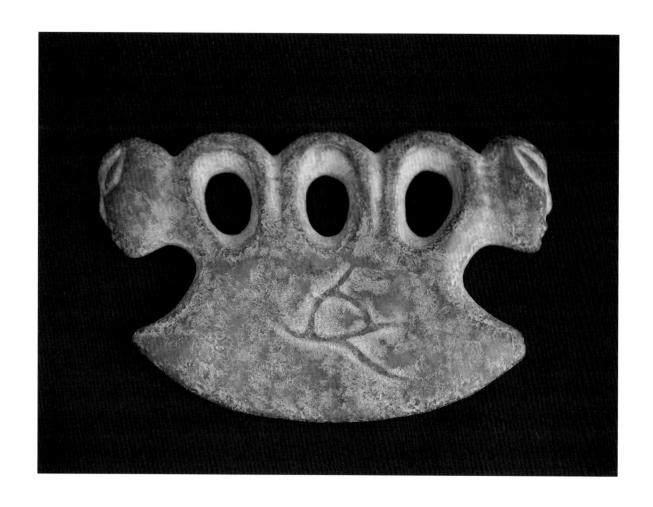

No.292

戰漢代巴蜀文化青玉
春秋分祭祠雕像

（左）【高 11.0cm；寬 6.5cm；厚 3.5cm】
（右）【高 14.0cm；寬 6.0cm；厚 3.5cm】

　　雕像一綠、一紅。綠色為春分祭司；紅色為秋分祭司。綠色春分祭司，頭戴日纏西宮白虎帽，帽中三孔即為日出、日中、日落，在正卯酉線，由西宮白虎陪伴著，此即春分祭典時，日纏西宮白虎的現象，亦是代表三易之法中的連山。此祭司蹲坐、雙手平舉於下頦部的祭祠儀式。紅色秋分祭司，此玉雕雖為紅色，但不是沁色，應是特別挑選青玉的紅色部分來雕刻，可代表秋分時穀熟葉紅，為歸藏季節，所以兩件玉雕一綠一紅，應有相應的內涵，也是今日「三羊開泰」[1]的淵源。

　　此兩件祭司雕像，符合戰漢時凡事皆講求陰陽五行的概念。綠從春分，紅從秋分。綠是日纏西宮白虎，是為春分祭司。紅是日纏東宮蒼龍，是為秋分祭司。此件秋分祭司頭戴日纏東宮蒼龍帽，是以後代的雙龍搶珠來代表日纏東宮蒼龍，可以證明後代的雙龍搶珠代表著三易之法的歸藏，代表年。此兩件有商代風格的祭司雕像，是由多件同坑的玉雕來判斷年代，作者斷代為戰漢代玉雕。

1　明清時期喜用「三羊開泰」之吉祥語，表示大地回春、萬象更新。三羊（陽）開泰，三陽即為早陽、正陽、夕陽。朝（早）陽啟明，正陽中天，夕陽輝照。正月為泰卦，三陽生於下，冬去春來、陰消陽長常用的稱頌歲首或寓意吉祥。其實「三羊開泰」即為漢前的「太一」與「徑路」的觀念。

No.293

戰漢玉鉞

【長 28.5cm；寬 17.3cm；厚 3.0cm】

此鉞的尺寸巨大，且戰漢的武器精良，此鉞
應作為法器使用而非實用品。此鉞形狀如「火」
字，代表東宮蒼龍大火心宿二。有如二里頭綠松
石銅牌、虎首、大火星宿尾。亦如商王背後「火」
字的卷雲器。本鉞柄刻有對稱的面、相對的雙龍
有如虹。鉞面與柄連接部分有獸面紋，此紋代表
的是北斗。

鉞面正中有三孔，代表日出卯門、日正當
中、日入酉門，成一直線的春分秋分當日的路
徑。所以此鉞亦為徑路刀。「鉞」字（甲骨文字1，
二）從「戈」從「火」，此件玉鉞刀刃部，即為

上古時期的「火」字。鉞柄的部分，即為武器的
柄。此玉鉞即代表「歲」、表現「歲」時的星象
之象。也是當時祭祀歲有的禮器（吉祥物），就
是今日的「三羊開泰」的圖案或吉祥語。

No.294

商周時紅山文化青玉勾雲珮（徑路珮）

（上）【長 10.2cm；寬 4.8cm；厚 0.1cm】
（下）【長 10.3cm；寬 7.3cm；厚 0.3cm】

此一徑路珮，外形如商代時所認為的宇宙形狀，太陽由左邊的湯谷出，右邊的禺谷入於地，晚上於歸墟休息。比珮中間有卯門之形的穿孔，此卯門與穿孔連結如今日之「心」的形狀，雙穿孔就如「冒」字、如「卯」字。玉珮的兩端有一缺口，與「卯」孔在一直線上，形成一徑路，代表著白天與黑夜同等，就是春分與秋分之日，亦是太陽從卯門出、酉門入。此一玉珮下有六齒形狀，代表著十二地支。

No.295

漢代青玉通天冠

【高 16.7cm；寬 10.1cm；厚 7.6cm】

　　秦代以後，皇帝在朝賀、宴會等場合都會穿戴一種以鐵絲為梁，正豎於頂，外裱細絹，立飾有名叫「山」、「述」附件的冠飾，名為「通天冠」，無附件的冠飾則稱為「遠遊冠」。此通天冠以心形的卯門圖像（豆之春芽，冒地而出）代表著春分迎日、此玉冠過重應非實用器，但應作為春分祭典時的禮器。冠的底邊有穿孔，可作為玉簪固定之用。

No.296

商末周初青玉鼎

【高 17.0cm；寬 12.5cm；厚 13.5cm】

　　鼎前與後有蝙蝠狀的紋飾，此紋飾即商時的太陽的日足跡，即商時的宇宙概念。日出湯谷、日落禺谷。獸首為日中，獸首的對面為歸墟。而歸墟一面以大火心宿二為代表東宮蒼龍，另一面以「卯門」的圖像（豆之春芽，冒地而出）的心形「冒」字來代表。

　　此鼎為祭祠的重要禮器，禮器上標示著天體運行的軌跡，可知此鼎亦是秋分祭典（商曰歸藏）時使用。卯門為東方，其正對面為西門、為西方。此鼎的酉門以大火心宿二來表示。所以此件鼎的含義，為春分祭典時，卯門日出，東宮蒼龍、大火心宿二在酉門，所以此鼎為春分祭典時之禮器。

No.297

商周時紅山文化青玉
徑路刀（我刀）

（上）【長 30.0cm；寬 17.3cm；厚（中）1.0cm、（邊）0.15cm】、
（下）【長 34.0cm；寬 18.5cm；厚（中）0.7cm、邊）0.15cm】

　　兩件徑路刀相互比較，一件握柄為豬首，另一件握柄為鳥首。豬首代表的是東宮蒼龍，代表陰或（夜）。刀刃有十二個鋸齒狀，代表十二地支。鳥首代表日、代表陽，其刀刃有十個鋸齒狀，代表十天干。兩件玉刀都刻有卯門的「冒」字，此鏤空的雕法為標準的紅山文化用琢磨的穿孔方法。紅山文化的玉雕件，中間厚、四周薄，所以此鋸齒狀的刀刃亦具備殺傷力，可做為玉兵器使用，也可填補歷史上石器文化與青銅文化中間的玉兵文化。

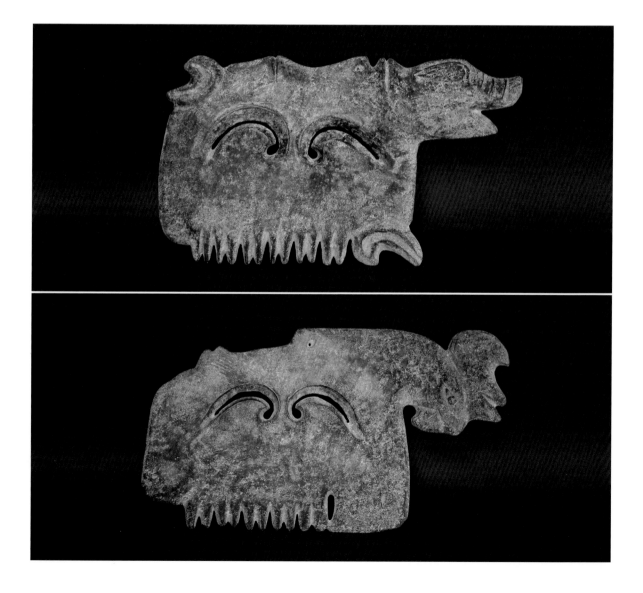

No.298

春秋戰國連山青玉鉞

【長 40.5cm；寬 6.0cm；厚 2.0cm】

　　《春官大卜》說：「掌三易之法，一曰連山，二曰歸藏，三曰周易。其經卦皆八，其別皆六十有四。」引文中的「連山」、「歸藏」，與「周易」都是「方法」問題。一曰「連山」記載夏半年的歲時觀象。以春分迎日祭典為起點、中經夏至，到秋分納日祭典時結束。二曰「歸藏」代表冬半年，以秋分納日祭典為起點，中經冬至，到春分迎日祭典時結束。三曰「周易」，指歲時觀象的四時巡天一周，以冬至為起點，中經春分、夏至、秋分再回冬至，合於周日年。

　　此青玉鉞相背的雙人首代表伯逢與實沈二人，中間的山形代表「連山」。七個舞人代表北斗七星，此天文現象亦是代表「歲」。三易之法的「連山」即是代表「歲」，代表著夏半年歲時觀象。即鉞即「歲」上刻有連山，更是證明「連山」即「歲」，即甲骨文的「鉞」字的內涵。「歲」字也是「徑路刀」的文化內涵。

No.299

戰漢時巴蜀文化虛宿星神

【高 20.5cm；寬 6.5cm；厚 3.0cm】

　　《山海經・大荒西經》：「有神，人面無臂，兩足反屬於頭山，名曰噓」。指秋分日太陽沒入地平後，北宮玄武的虛宿星座正居於上中天的位置，為「昏中」，虛宿星神頭戴「北」字帽，代表北宮玄武。無臂，臂以大火心宿與連山的結合外形，代表秋分日。此為戰漢時巴蜀文化想像的虛宿星神，與《大荒西經》的虛宿星神多有類同。

戰國白玉龍首柄
青銅刀身徑路刀

【長 40.5cm；寬 6.0cm；厚 2.0cm】

本刀刀刃有九鋸齒狀，刀背有雙龍搶珠，刀刃的九鋸齒有如日晷紋，即旦旭東晟杲晟西昏夕。刀背上的龍代表的是東宮蒼龍、大火心宿二，春分、秋分日帶領著太陽從卯門出、酉門入的路徑，所以本刀亦為徑路刀。

漢代白玉鉞珮

【長 5.2cm；寬 4.0cm；厚 1.0cm】

玉鉞上刻有相背的兩人，就如前幾件的作品，可知此玉鉞中的二人就是實沈與伯逢。此鉞形代表著「大火心宿二」，代表「歲」，代表「徑路刀」與「赤刀」，實為辟邪之用。

No.302

戰漢青玉雙人鉞

【高 20.3cm；寬 12.5cm；厚 2.5cm】

　　二人相背，如鉞柄，此雙
人亦是實沈與伯逢，坐於鉞刃
上，亦是代表著春分祭典時的
「歲」字，本件應是春分祭典
時的禮器。「歲」字也是「徑
路刀」的文化內涵。

No.303

戰漢灰白玉
巫師柄鉞

【高 18.0cm；寬 9.4cm；厚 1.7cm】

　　此鉞亦是徑路刀的一種。
鉞身代表著大火心宿二。鉞上
方的巫師應是太皇，即太陽。
也就是東宮蒼龍帶領著太陽巡
天。此鉞為巫師法器，亦如赤
刀，把整個星空對半分開，分
成南半天與北半天，是一種威
力無邊的刀或法器。

No.304

商時紅山文化
青白玉玉鳥珮

【長 7.0cm；寬 6.2cm；厚 1.5cm】

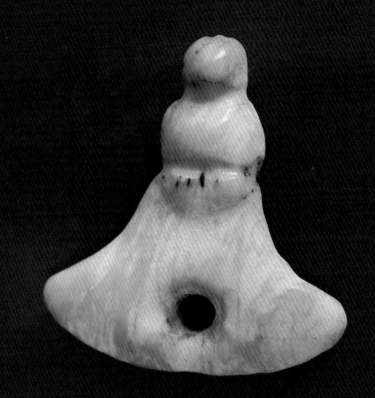

　　本件玉鳥如常見的紅山文
化玉梟，但梟鳥的尾部展開如
扇、如斧、如鉞，亦是代表大
火心宿二的鉞形。梟鳥代表的
是玄鳥、日鳥。日鳥雕成斧鉞
狀，就如後代的徑路刀。

No.305

戰漢時灰玉
鳥形斧

【高 20.5cm；寬 4.7cm；厚 0.5cm】

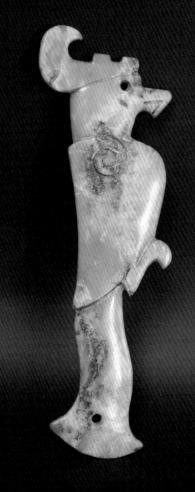

　　此鳥有商周時玉雕的風格，但
本玉鳥珮為巴蜀地區的玉件（同坑
中有魚鷥鳥的玉件）。巴蜀地區保
留許多商周時的文化，所以斷代上
較難以精確。鳥的尾巴亦為扇形斧
狀，且中間有一孔，如大火心宿二
的「火」形，與上一件商時的紅山
文化玉鳥珮，有著異曲同工之妙，
都以鳥的尾部為斧、為鉞。以鳥為
柄，似乎是以鳥為日，以尾為火，
來代表春分、秋分時的徑路，所以
兩件都為徑路刀，亦為「歲」的內
涵。

No.306

商末周初青玉徑路獸面紋玉雕

【長 34.5cm；寬 13.0cm；厚 1.5cm】

　　徑路就是春分秋分時日出卯門，日落酉門，此直線即徑路。徑路平分日夜，平分夏冬，此玉雕中間有鏤空的兩橫線，即為徑路；兩個鏤空的圓孔，即為日出卯門與日落酉門；整個獸面的玉雕即為太陽的日軌一天的行程，日出湯谷，日落禺谷；獸面下的缺口即為虞淵。

　　商末周初時，把整個宇宙想像成一個像獸面的神，此文化保留至戰漢甚至到明清時代。但戰漢時，已不知獸面神的真正意義。後面的幾件戰漢的玉雕即可用來說明獸面紋的內涵，此獸面紋可稱太一。

No.307

漢青白玉獸面紋玉勒（蝶形珮）

【長 4.2cm；寬 3.2cm；厚 1.6cm】

　　玉勒其實為上古時期的窺管，用以記錄夜間天空的星紋，如《山海經 · 海內南經》說：「梟陽國在北朐之西，其為人人面長脣，黑身有毛，反踵，見人笑亦笑，左手操管。」梟陽國是以夏至的太陽，在北朐之西者，指夏日來臨的夜晚，太陽沒入地平時，北斗七星的斗杓，正提攜著東宮蒼龍七宿，完整地布列在南天[1]。

　　左手操管，此管也稱「窺管」，是說太陽落山時，觀象者左手持窺管，準備測定「中星」。東宮蒼龍的龍心（大火心宿二），正居於上中天的位置，（南天）為「昏中」，也即「星火」，便是《尚書 · 堯典》說「日永，星火，以正仲夏」，即為「中星」。玉勒正面為獸面紋代表太一，反面為勒（窺管）。獸面紋以雙龍搶珠為獸角，代表著日纏東宮蒼龍，代表著宇宙的天象。背後為勒，為窺管，是記錄夜晚宇宙的天象必備之器，（白天以日晷記錄宇宙天象），用來記錄星星晷紋。玉勒即為觀天象的窺管。自上古以來，「勒」的功用已被遺忘，只做為飾品之用[2]。

1　《周易 · 天文 · 考古》，p.369，陸思賢 著。

2　《中國古玉研究》，p.184，林巳奈夫 著，本器如河姆渡文化木製蝶形器相類似，但木製蝶形器亦只推測其功用。

No.308

戰國白玉珮

【長 2.8cm；寬 3.0cm；厚 0.7cm】

　　玉珮中間鏤空，上方飾以
龍璜紋，下方飾以太一獸面紋。
《太平御覽》引《搜神記》說：
「孔子修春秋，制孝經。既成，
孔子齋戒；向北斗星而拜，告
備于天，乃以赤氣若虹，自上
而下，化為玉璜。」此件玉雕
與前幾件玉雕表現的雙龍紋與
獸面紋的結合，皆用來表現天
穹上星體的運行，亦是節氣的
表現，製作成玉珮隨身配戴，
應是作為辟邪之用。

No.309

漢青白玉
獸面紋玉珮

【長 2.8cm；寬 3.0cm；厚 0.7cm】

　　鏤空的獸面紋珮，外圍飾
以雙龍雙鳳來表現出此獸面紋
珮的華麗，但其內涵如與前面
幾件獸面紋雕所要表現的是同
樣的目的。太一獸面紋的眉心
飾以格菱紋，此紋代表星晷紋，
如同白天的日晷紋。

No.310

戰漢青白玉玉舖首

【長 2.8cm；寬 3.0cm；厚 0.7cm】

　　玉舖首上為深浮雕太一獸面紋，下為環。環以雙龍首與獸面紋連接。環的下方雕有一螭龍紋與一鳳鳥紋。太一獸面紋雕有二獸角，獸首吐舌形成一活扣環與下環連接。太一獸面紋兩側有髭髮紋，與商末周初青玉徑路太陽紋玉雕相較，可知兩側的髮飾即為髭髮，即為上古時紅山文化遺留下的「年」的文化內涵。是否此類的獸面紋即為後人所說的「年獸」，有待商榷。

No.311

戰國墨玉太一獸面紋珮

【長 7.2cm；寬 4.2cm；厚 0.8cm】

　　此珮以太一獸面紋為主體，獸角雕以雙龍形，獸面紋的眉心雕以卯門的「豆之初形」。龍紋（東宮蒼龍）由卯門出、酉門下，此獸面紋玉雕，亦是表現三易之法中「年」的內涵。「歸藏」日纏東宮蒼龍，日與獸面紋相同，如「商末周初時紅山文化青玉徑路太陽紋玉雕」的秋分祭典的表現。

No.312

漢白玉紅化獸面紋飾

【長 5.8cm；寬 4.4cm；厚 0.6cm】

　　太一獸面紋如饕餮紋（有首無身，食人未咽，害及其身）。羊角、獸面紋，其角的外型，以龍為首，以羊角為尾部的特殊紋飾，羊角代表「太陽」（羲）。龍代表東宮蒼龍，亦是說明日纏東宮蒼龍（歸藏），秋分祭典的意涵。本玉飾單面，有紋飾，多孔洞，應是衣帽上的事物，如帽的「山」或「述」。

No.313

漢代白玉獸面紋璜（蝶形珮）

【長 7.0cm；寬 2.0cm；厚 0.4cm】

　　本件玉璜龍首向下，璜面刻有淺浮雕雲紋，正中有一獸面紋。獸面紋，一般認為是控制夜晚星辰運轉的中心（太一或北極星），就如紅山文化青玉勾雲璜中間的星暑紋，就如春秋戰國青玉連山鉞另一面（32.0cm*13.0cm*2.0cm）中，舞蹈的連手七舞人（北斗七星），代表著控制夜空星辰的力量。所以璜在上古人民的思想中，代表的就是宇宙運行的一部分。

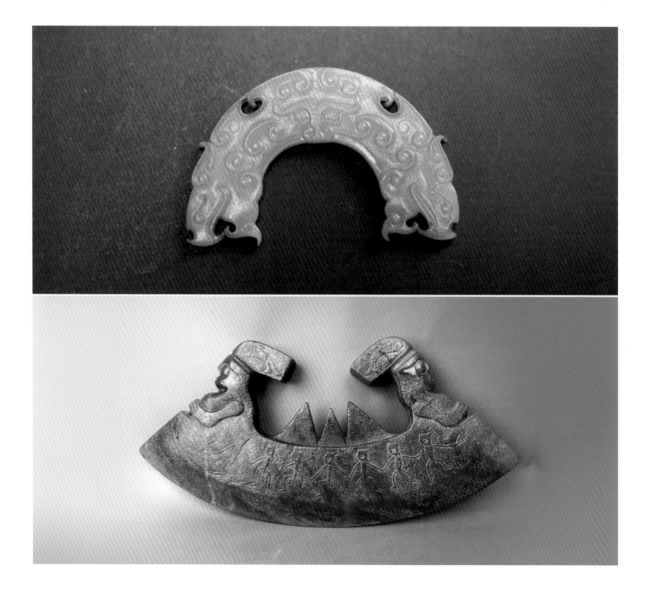

No.314

良渚文化青玉大火心珮

【長 16.2cm；寬 8.0cm；厚 0.8cm】

良渚文化的大火心宿二珮雕成山叉形，正面中間雕有太一神徽，此神徽由鯊魚牙齒刻劃而成，中脊上端有雙面對穿孔。但尚有其它的良渚大火心宿珮，外脊各有半神徽紋，如相背的伯逢與實沈，可見此珮代表的就是東宮蒼龍的大火心宿二[1]。二里頭青銅鑲綠松石珮，商前二里頭青銅鑲綠松石為常見的形式。此珮為虎首、大火心宿尾，此大火心宿尾的形狀與良渚文化青玉大火心珮的外形是相似的。

1 《良渚古玉》，p.87 記載，玉山字形器的外脊各有半神徽。

No.315

商周時紅山文化
青玉日形馬龍

【長 24.0cm；寬 15.5cm；厚 13.0cm】

北方民族常把龍與馬連想
一起，故漢時匈奴的馬刀也稱
龍刀，又稱徑路刀。此日形馬
首玉雕，背部雕有一如蟬翼之
物。此「物」是卯門與二分二
至的結合物。與商周時紅山文
化青玉日形龍做比較，都是說
明「春分」、「秋分」、「歲」、
「載」中有關「年」的內涵。

No.316

商周時紅山文化
青玉日形魚龍

【長 26.0cm；寬 17.5cm；厚 1.0cm】

豬鼻紅山龍，背部有「連
山」魚鰭，線形龍的背部有一
獸首如虎如犬，應是虎。線形
尾內卷上，形成如「日」字的
龍型，此日形龍龍首、虎首在
一線上，亦是「徑路」的代表，
又把龍形刻成罕見的「日」狀，
亦日亦龍的玉雕，代表當時
最重要的節日，充份說明「春
分」、「秋分」、「歲」、「載」
中有關「年」的內涵。

No.317

夏代二里頭孔雀石
徑路銅牌

此銅牌、虎首，虎有虎鬚，虎尾以大火心宿二的甲骨文「火」字。虎尾形狀更像甲骨文的「火」字，代表東宮蒼龍，而中間以長方形綠松石排成一列明顯的卯酉線，此亦代表徑路。表示東宮蒼龍與西宮白虎於春分、秋分時，由正卯門出、正酉門入的天象。此銅牌亦是祭祠春分時的禮器。

全面綠松石的小片，代表著春、秋分天空的繁星。或者是測量星晷的天網格紋，就如同本書 NO.323 最早的年獸。

No.318

山東大汶口文化灰陶缸
上刻劃的原始圖畫字

大汶口文化為龍山文化之前的文化，約西元前二千五百年至西元前三千五百年。圖畫字有眾多的解釋，唐蘭先生釋為「炅」，從「日」，從「火」，下為五峯山形座，作者則解釋為「連山」。日與火與連山，即可釋為《尚書·堯典》中稱「寅賓出日」，就是遠古時代春分迎日祭典的圖像。「火」即代表著大火心宿二，亦即整個東宮蒼龍的代表。「日」與「火」在春分日時，同在黃道與赤道上，此即連山。

No.319

商代漢白玉商王雕像

【長 12.0cm；寬 12.0cm；高 5.0cm】

此商王雕像背後、手臂後方有俗稱的卷雲器，雕有龍紋。據研究卷為代表東宮蒼龍的大火星宿二，此星宿是為商朝的星宿，代表商朝。所以，商王帶著商朝的星宿的法器，代表著商朝的最高統治者，卷雲器如二里頭（參看 NO.317），西宮白虎銅牌鑲嵌綠松石尾部。此一商王雕像中的商王自比為「日」，「名」為天干（甲乙丙丁……），尾部法器為大火心宿二，商代易法曰「歸藏」，以秋分日為年始、秋分時天象為日經東宮蒼龍。此一雕像即象徵商代曆法的內涵。

No.320

漢代青白玉杖首

【長 18.0cm；寬 9.0cm；厚 2.8cm】

　　此杖首龍首、紅山玉龍的鬃毛、杖首接頭的後方雕有一虎首，龍嘴上翹，與滿城漢墓出土的金帶鉤相似[1]。嘴角穿有一孔，可掛杖首的流蘇。龍首、虎頭與紅山玉龍的鬃毛（實為鷩鳥的冠羽，代表太陽），東龍、西虎與太陽形成一線，雕在玉杖首上，作用如徑路刀，擁有無上的法力，所以此玉杖首應作為權杖或法器使用。

1　與「漢代灰白玉帶鉤」相近，參看本書 p.100 所示。

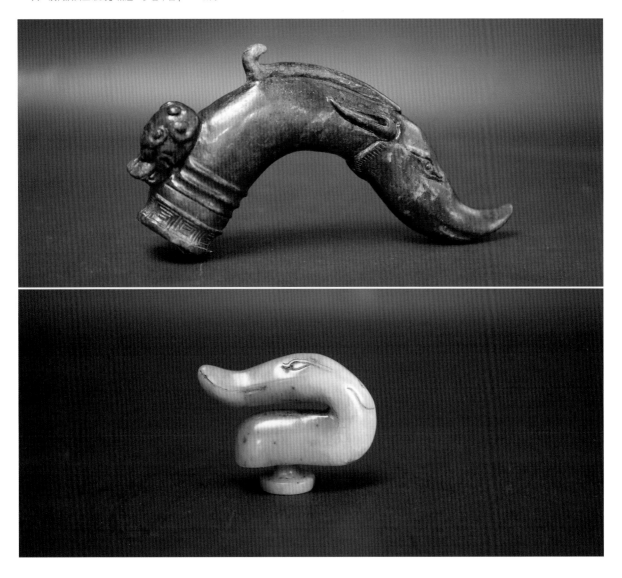

No.321

戰國墨玉白虎西宮獸

【長 10.0cm；寬 5.5cm；厚 5.5cm】

　　虎首吻錢，背有雙蟬翼，翼上有代表卯門的珠形螺旋紋。蟬翼上刻有刀紋的北字，虎首的錢即代表著「寅錢納日」，寅為虎，意為秋分納日祭典之後，西宮白虎保護著太陽巡天。此玉雕代表著春分、秋分時，太陽巡天的始點，也是徑路，春分時，太陽由赤道行向上中天，為夏半年；秋分時，太陽由赤道行向下中天，即為冬半年。

No.322

商周紅山文化青玉「我」武器
（甲骨文字，我字 2，二）

【長 23.0cm；寬 15.0cm；厚 1.0cm】

　　「我」以夸父為圖騰，為圖本雕刻而成的「我」武器，左右各有老虎護日（此即春分秋分時，徑路上，西宮白虎纏日、護日（寅錢納日），日中為夸父的形象，夸父入日於禺谷，西方禺谷為最後夸父追日、入日之地，所以禺谷是夸父族聖地。

　　徑路，日出正卯門、西宮白虎纏日為春分祭典，日落正酉門。日出卯門，從湯谷而出，日入酉門，從禺谷而入。皆是白虎纏日。「我」的武器，有十個鋸齒狀，代表是天干，所以「我」的武器即是為徑路刀或是屠龍刀，其內涵都是周易的天象。

No.323

商周時紅山文化青玉年獸

【長25.0cm；寬8.0cm；厚6.0cm】

　　「年獸」是華人傳說中的過年之獸，但只聞其說，從未見真正的形象。而「年」字，即是周易中的「年」，是春分、秋分時，夏朝曰「歲」，商朝曰「祀」，周朝曰「年」，即是三易之法的連山、歸藏、周易。每個朝代，年的開始都不同，但都是由春分或秋分開始，春分、秋分時，太陽都是由正卯門出、正酉門下，而此時東宮蒼龍、西宮白虎亦都是在此徑路上。本件玉雕虎首、龍首尾，可稱之為「徑路獸」或「年獸」。

No.324

漢至六朝白玉日纏西宮白虎雙層璧 【長 7.0cm；寬 7.0cm；厚 0.8cm】

　　本雙層璧外層虎首咬尾，形成外圓；內層紐絲紋的內圓代表「日」，內圓外圓之中有雙虎腳與飛翼，三個連接點，互相連接。外圍老虎包圍守護著內圓的「日」，即是日纏西宮白虎，三個連接點代表著三陽開泰，即春分時，日纏西宮白虎，即為連山，即為「年」的開始。

No.325

漢至六朝青白玉日纏東宮蒼龍玉雕

【長 9.0cm；寬 8.9cm；厚 0.6cm】

　　玉璜，雙龍首，背部有十二脊凸，代表十二地支，玉璜的曲弓內，雕有一扭絲紋璧，代表著太陽，符合漢後的陰陽學說。龍璜代表著東宮蒼龍，與地支代表著二十八星宿，即「陰」的代表。扭絲紋璧，為太陽，即「陽」的代表。此件玉雕陰陽合體，是漢代玉雕常見的陰陽合體的雕件。

No.326

漢至六朝青白玉鳥璜橢圓璧玉雕

【長 7.2cm；寬 8.2cm；厚 0.7cm】

　　玉雕玉璜，雙鳥首，背部有五脊凸，代表十天干，鳥首代表太陽鳥。橢圓形璧，代表著夜間十二星次的天空，就如戰國曾侯乙墓漆箱星相圖中的二十八星宿的天空，此件玉雕亦是陰陽合體。這兩件玉雕的比較，鳥璜代表十天干，代表陽；龍璜代表十二地支，代表陰。曲弓內，圓璧代表太陽，即「陽」，橢圓形璧，代表夜空二十八星宿，即「陰」，兩件玉雕的相比較，就可清楚認知這兩件玉雕的內涵。

No.327

戰國青白玉三環璧

【長 7.2cm；寬 7.2cm；厚 1.0cm】

　　在中國傳說的蓋天理論中，三環概念是一項重要的內容。三環代表著太陽在分至日的周日視運動軌道，實際也就是黃道，而由三環組成的區域叫「黃圖畫」蓋，天學家在解釋太陽的運行規律時指出，太陽在天穹這個面內運行並不是東升西落，而是像磨盤一樣，就如玉環上的紐絲紋反覆運轉。以北極為中心，夏至日行內衡；春秋分日行中衡；冬至日行外衡。青白玉三環璧，外環由雙璜組合而成，而璜首於卯門與西門相接而成。上璜代表著冬半年，下璜代表著夏半年。璜以龍為雙首，紐絲紋為身，中環與內環皆刻以紐絲紋，代表著太陽的運行，就如磨盤一樣回環運轉。

　　戰國時期工匠喜歡表現出高超的雕刻技巧。此三環璧可各藉由卯酉線上，外環鏤空，中環璧突出柱，形成可旋轉的外環與中環。在子午線上，中環鏤空，內環突出柱，形成可旋轉的中環與內環，如此三環皆可自由旋轉[1]。

1　摘自《中國天文學考古學》，p.391，馮時 著，中國社會科學出版社。

No.328

漢代白玉紅沁騶虞雞心珮

【長 10.5cm；寬 6.5cm；厚 0.4cm】

　　《說文解字》說：「虞，騶虞也。虎軀、獅首、白虎黑紋，尾長於身，仁獸，食自死之肉。」此尾長於身的仁獸，指的是春分日，太陽沒於地平線時，西宮白虎的參宿星座偕日落（日經西宮白虎），且日落暑影長於祭台上。而在秋分納日祭典那天，可以看到東宮蒼龍的尾宿星座偕日落。編成神話《山海經・海內北經》說：「林氏國有珍獸，大若虎，五采畢具，尾長於身，名曰騶吾，乘之日行千里。」騶虞，又名騶吾，或騶牙。騶虞牌，其形如彗星跨於天空之牌。星頭，圓形狀內有騶虞獸，尾長於身，尾部如瑞草。圓形表示春分時，日落之日。騶虞表示西宮白虎。圓形中之騶虞表示日纏西宮白虎，即是春分祭典時，日落之景。

　　而騶虞的尾部與彩霞（穀紋）遺留在天空中，形成美麗的畫面（10.5cm*6.5cm*0.4cm）。雕騶虞於牌中，鏤空的圓形之中，騶虞牌全器飾以雲紋。尾長捲於牌首，形成繫帶之孔。全器看起來像雞心珮。亦是表達春分時，日纏西宮白虎的喜慶祭典，作成牌狀，慶過年之喜[1]。穀文、雲紋都代表春分時芽之冒狀。

1　摘自《中國天文學考古學》，p.391，馮時 著，中國社會科學出版社。

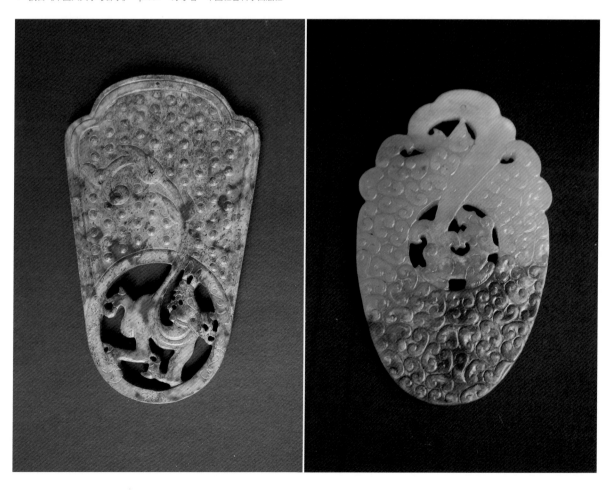

No.329

春秋戰國青玉卯牌

【長 25.0cm；寬 13.0cm；厚 0.9cm】

　　卯牌，如甲骨文字（相片 4，一），其形就是古文的「卯」字，代表正東方，卯酉線與子午線是古時測量整個宇宙的重要依據，春分時，太陽由正卯門出地平，而由正酉門入地平，此時白天與黑夜等長。夏半年與冬半年等長。太陽由黃道進入赤道，兩者同一線上。所以卯門（正東方）在古時是非常重要的天文地理的虛構點。古文的「卯」字如「兆」字（與相片同）。卯牌如「斧」，如「斤」，上下兩邊有刃。上緣有二相通穿孔，可做掛繩用，所以此器用作掛飾的禮器，而非實用的「斤」或「斧」。

　　卯牌正面有三字，反面刻有一圓璧。璧刻有淺浮雕的雙虎紋，互相追逐。此卯牌的內涵表達的是卯門內，日纏西宮白虎（璧代表「日」），虎代表西宮白虎，亦是春分祭典時（太陽卯門出，西宮白虎偕日出。）重要的禮器。

No.330

春秋戰國青玉金烏載日牌

【長 24.0cm；寬 11.3cm；厚 1.1cm】

　　青玉牌雕成飛鳥狀，紅沁。飛鳥的背部雕有一圓璧。圓璧雕楚國風格的三龍紋，三龍互相追逐。飛鳥代表金烏。璧代表「日」，三龍紋代表東宮蒼龍。此鳥牌的內涵即是金烏載日。日纏東宮蒼龍又是秋分祭典時，東宮蒼龍偕日落。所以此牌亦是秋分祭典時的禮器。（腹部有一穿孔，可供穿繩）。腹部有一圓形孔，其下刻有三橫紋，代表著太陽運行的一周年，上橫為夏至，中為春分秋分，下橫為冬至。

　　上一件卯牌，代表著夏半年（周易曰連山），本件代表著冬半年（周易曰歸藏），夏半年是由春分迎日祭典、夏至、秋分納日祭典為夏半年。冬半年是由秋分納日祭典、冬至點，到春分迎日祭典為冬半年。此金烏載日牌為秋分納日的禮器，青玉卯牌為春分迎日祭典的禮器，兩器共同的解讀，更能了解春秋戰國時對於春分、秋分祭典的想法與重視。

No.331

春秋戰國青白玉玄枵牌

【長 19.5cm；寬 13.0cm；厚 1.5cm】

　　黃帝軒轅氏封少昊、青陽氏、玄枵與蒼林有聖德被賜為姬姓。黃帝政權首任帝姬芒封少昊，青陽玄枵為東夷鳥師大司馬。少昊後裔尊稱為帝鷺。玄枵的形象就如商文化的梟，具有鳥身羊角，就如本玉玄枵牌。牌背後有四靈獸璧，代表著日纏西宮白虎，日纏南宮朱雀，日纏東宮蒼龍，日纏北宮玄武，代表太陽從東南西北巡天一周。

　　《春官・太卜》說「掌三易之法，一曰連山，二曰歸藏，三曰周易。」指歲時現象的四時，巡天一周，合於周曰年。玄枵代表十二星次，把黃道自西向東，分為十二個部分，其名稱依次是星紀、玄枵、娵訾、降婁、大梁、實沈……，分野，古人依據壽星、大火、析木、星紀、玄枵、娵訾、降婁……等十二星次的位置，劃分地面上的州國的位置與之相對應。玄枵對應的是青州、齊國（東夷族之地）。殷，玄枵為周曆月建的歲首，「子」為正月的歲首為「丑」（現今的二月）。夏曆的歲首為「寅」為正月（現今的二月份），此玄枵牌代表著周曆四時一周的歲首[1]。

1　摘自《中國文化常識》，馬漢麟 著。

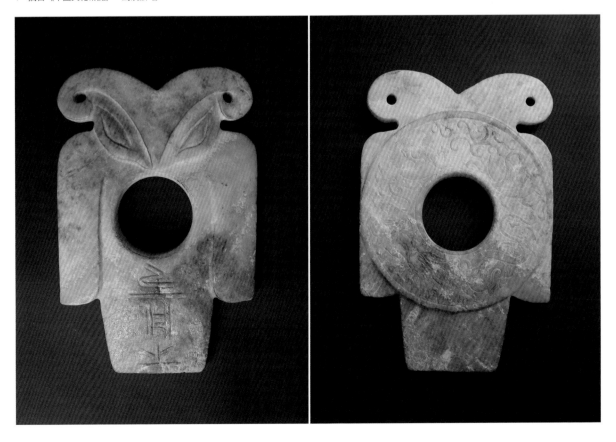

No.332

戰國白玉舞人玉雕

【長 20.0cm；寬 10.0cm；厚 1.1cm】

　　雙面雙舞人玉雕，共有四舞人，舞人左右對稱，頂部及腳部各有一大小活動圓形太陽紋玉璧。頂部龍紋代表東宮蒼龍，於春分、秋分時節，引領太陽從正東方出從正西方下，形成一徑路，而舞女應是戰國時期秋分納日祭典迎神之舞的迎神，也是記錄春分、秋分時徑路冬半年、夏半年各平分一半的狀況。

　　上方的太陽紋玉璧與下方的太陽紋玉璧在同一春分、秋分的徑路上。正面的雙舞女與反面的雙舞女代表著春、夏、秋、冬四季，頂部雙龍紋圍繞著三陽紋璧，代表著日纏東宮蒼龍，為秋分祭典時的禮器。

No.333

漢代青玉
交龍穿璧玉雕

【長 6.3cm；寬 4.5cm；厚 0.8cm】

　　由青玉雕刻而成的交龍穿璧，左右雙龍交尾於璧孔內，表達出漢代時陰陽交合、萬物生的太極理念 。雙龍互相纏繞，面面相親，雕刻者以細緻的雕工，展現出立體的層次感。全器有明顯的黃土色沁。

1　司馬遷的〈高祖本紀〉開篇講到高祖，沛豐邑中陽里人，姓劉氏，字季，父曰右公，母劉媼。其先劉媼嘗息大澤之陂，夢與神遇。是時雷電晦冥，太公往視，則見蛟龍於其上，已而有身，遂產高祖。故交龍、交璧始於漢時。

No.334

漢代青白玉
雙龍穿璧玉雕

【長 7.0cm；寬 6.5cm；厚 0.7cm】

　　用青白玉雕刻而成的雙龍穿璧，龍角與龍尾在璧的圓孔內交錯，呈左旋與右旋，表達出此璧蘊含有漢代時的陰陽的太極文化。此器含有再生結晶現象，以及黃色的土沁。

No.335

漢代青白玉
祭祀官員雕像

【高 11.5cm；寬 9.0cm；厚 4.0cm】

　　跪姿官員頭戴遠遊冠，
手持尖首圭背負橢圓形璧。此
玉雕應代表著漢時祭祠的真實
狀況。橢圓形璧就如戰國曾
侯乙墓室裡，漆箱星象圖中的
二十八星宿的天空。

No.336

漢代白玉
大火心龍璜珮

【長 6.4cm；寬 4.0cm；厚 0.3cm】

　　此珮，雙龍首合抱大火心
宿，龍外形如玉璜。龍首璜，
亦可視為春分秋分時，由正卯
門出，正酉門入，連成一線的
龍首。此件龍璜珮與一般常見
的玉璜，稍有不同，應都認為
是璜，但與上件的大火心宿二
珮比較，可知兩者都為上古時
期祭祠春分、秋分時的禮器。

No.337

商末周初時紅山文化青玉
紅化徑路太陽紋玉雕

【長 34.5cm；寬 15.5cm；厚 1.5cm】

　　此件玉雕因與上件徑路獸面紋（No.307）比較之後更能瞭解，此兩件最大的區別，一為獸面紋，一為太陽紋，但相同的是來自共同的年代，但卻有不同的詮釋，全都在表現當時對春分、秋分的重視。本件玉雕，整體的形象又與阿爾泰族（鮮卑族、蒙古族⋯⋯）崇拜太陽，又喜髡髮，把太陽雕成髡髮的人像，又結合當時的歲曆，來代表商代的「年」（歸藏）。本件與上件皆為大型的玉雕作為祭祠之用。

No.338

漢至六朝青白玉
大火心宿二珮

【長 9.2cm；寬 6.9cm；厚 0.5cm】

　　大火心宿火形珮，形狀似漢時流行的雞心珮，但從其他雞心珮的來源為韘形珮，它本是射箭人右手姆指佩帶的玉器，後來逐漸轉變成為佩飾器。東漢時的雞心佩，已由具有高度的韘形珮，演變成扁平狀的雞心珮。此時的雞心珮為華麗而出廓的扁長形。

　　此件扁短形的大火心宿二心形珮，與東漢時的雞心珮有所不同，形狀與大汶口的夾陶缸上的圖畫字「火」同。大火心宿二珮上雕有龍與鳳的淺浮雕。大火心宿二通常以鉞狀斧形來代表，如參看 p.309 甲骨文「鉞」字（1，二），從戈，從火，即為「鉞」，即為「歲」，即為春分秋分的「年」。

No.339

馬家窯文化青玉
大火心宿二珮

【長 7.5cm；寬 4.3cm；厚 0.6cm】

　　此珮雙龍首如璜如「虹」，中間有一日，日中有一孔。雙龍首簡單外形，無眼睛、嘴巴，製作簡單，可知其年代久遠。但尚有許多同坑的玉件，足以證明其為馬家窯文化的玉件。（由玉件的風化與沁色，可推斷應為西北方的坑口）。

　　此大火心宿二玉珮，可與良渚文化的大火心宿二的玉珮作為比較，由此可知上古時期，南方與北方在天文方面的共同知識，即為大火星見於春分時正東方的天空，此為春耕開始的重要依據。中間獸面紋於商前馬家窯文化時期，可能尚未形成。

漢代馬王堆墓銘旌文化內涵中的玉族群

No.340

西漢馬王堆（軑侯夫人銘旌）【縱長 205.0cm；橫（上方）92.0cm；橫（下方）47.7cm】

本作品約存在於西元前 168 年之後的數年。帛畫為絹本設色，於 1972 年出土（現藏於湖南省博物館）

若說可從西漢馬王堆之銘旌來研究漢代長生登仙的思想觀、陰陽五行之說，那麼嘗試以馬王堆帛畫的畫像來印證漢代玉雕的內涵，應不為過。「丁」字型的馬王堆的銘旌：「一」為天，為陽，「｜」為地、為陰。中間為南天門，下為地，地的高點為崑崙山的玄圃，軑侯夫人辛追立於玄圃上，夫人之後立有三僕人，前有戴長冠的二跪拜官員，玄圃位於崑崙山上進入南天門之息地。玄圃之下有瑞獸、雙龍穿璧。雙龍穿璧之下畫有左右各一鳥人，璧下銜有一珩，珩下畫有祭拜之食器，食器擺於地板上，此地板由一大力士托住。地板下代表著陰間，陰間有土伯及二 魚相纏繞。地板左右各有一龜，龜上立有梟鳥（龜代表北方，代表漢代時之地底陰間。梟鳥代表陰陽勾魂使者）。

此一旌旗涵蓋漢代的天文、地理觀念，以及生與死的神話傳說。天與地，南為天，北為地，左為東，右為西。此即東龍、西虎、南鳳、北龜。與現代的觀念不同在於，現代的觀念為平面之東南西北。漢代的觀念，東西為平面，南北為垂直。南為上，北為下。此觀念至為重要來解釋古畫的內涵。南為天，北為地，進入天上的唯一途徑只有「南天門」。南天門有二戴長冠的守衛，進入南天門的途徑唯有鳥類（畫中有二鳳鳥、朱雀、玄圃鳥）畫於南宮門口，進入南天門，即為仙界，仙界內有主神，為人身龍尾，漢代至高神「太一」（泰一）。太一，右為陰，左為陽。陰為弦月，弦月內有蟾蜍與月兔，弦月下有嫦娥奔月。左為日，日內有金烏，日旁畫有茱萸纏繞。太一真神應為太陽神，晚上棲所於北斗之內，所以人身龍尾之太一旁畫有七隻白鶴，亦代表著北斗七星，此即漢時的仙界，漢時的地底陰界，由力士托地。陰界代表著北方，亦是陰暗的地底，即黃泉。

No.341

東漢白玉劍首

【長9.5cm；寬8.0cm；厚2.5cm】

　　玉劍具中的玉劍首，深浮雕人首龍身的漢代至高真神太一，其劍即為太一劍。此深浮雕的形象與馬王堆帛畫正上中央的人身龍尾的太一神同。

漢代馬王堆墓銘旌文化內涵中的玉族群

No.342

漢代青白玉王子喬玉雕像（二件）

【長 7.0cm；寬 6.5cm；厚 3.3cm】

人首人身、鳥尾、蹼腳，此一形象在漢代傳說中有兩人，一為扁雀，二為王子喬。此件作品為有蹼之鳥，應為水禽鴨或鵝之類，所以應是駕鶴西歸、成仙之人（王子喬）。在帛畫中，雙龍穿璧之下有二鳥人。二鳥人畫於地板，地板與玄圃之間，因應辛追夫人駕鶴西歸，成仙得道之隱喻。

No.343

漢代青白玉玄圃之鳥玉雕

【長 5.5cm；寬 4.6cm；厚 1.2cm】

以青白玉雕刻而成的玄圃之鳥 玉雕。雙面都有鳥首與足，表示陰陽合體。身上飾有三個心形紋飾。全器有明顯的黃色土沁，以及白化現象。

1 馬王堆丁形帛畫中，「一」表示天，「｜」表示地，「一」與「｜」之間表示天門。天門的入口中間有一「玄圃之鳥」立於華蓋之上，可作為帶領凡人成仙之躊。

面紋半邊筒雕件

【長 20.3cm；寬 14.0cm；厚 5.5cm】

筒上以鏤空深浮雕刻有朱雀紋，下方飾有鏤空的獸面紋。朱雀紋左右飾以大龍、小龍。半筒後壁上端刻以淺浮雕的獸面紋。全器有黃土沁，縫隙處有泥土沉積物。見於帛畫南天門華蓋下之朱雀鳥即代表南方，代表天。

No.345

漢代青玉黃泉畫系璧

【長 6.6cm；寬 6.6cm；厚 0.9cm】

系璧上有一魚，代表水裡、陰界下有二鮫龍，旁有二獸。此一情境與帛畫中的黃泉情境相同，帛畫中的鮫魚、土伯都畫於帛畫的最底部，代表著陰暗的黃泉底部。

No.346

漢代白玉卷龍穿璧玉雕

【長 11.7cm；寬 6.5cm；厚 1.0cm】

　　以白玉雕刻而成的卷龍玉璧，為在一平面狀的立體玉片上雕以一卷龍穿過一圓璧，能夠清楚表現出三層立體結構，且為兩面雕刻。璧上飾以穀文，亦即為漢代的雲氣雲紋。此雲氣紋有左旋與右旋，表示氣之陰陽，亦可表現此璧為太極。

　　全器有黃色及褐色土沁，縫隙處有泥土沉積物。見於帛畫崑崙山玄圃圖之下（辛追夫人所立之地）的雙龍穿璧，此件玉雕代表日纏東宮蒼龍，代表著秋分時節，代表著秋收冬藏太陽由陽轉陰，一般認為雙龍穿璧代表吉慶，亦可代表陽間結束死亡後（秋收）的美滿結局。

No.347

漢代白玉
土伯玉雕

【長寬高待補……..】

　　本件玉雕，人身、獸足、羊尾，此一形象與帛畫底部左右二異獸（羊首、人身、獸足）相同，應是傳說中的土伯。土伯的形象有各種傳說，人與獸的結合，而其主要功用為保護墓中的死者，如鎮墓獸之類，鎮壓墓中的鬼怪，防止對死者屍體的侵害與騷擾。

No.348

漢代青白玉力士
托地玉牌

【長 5.6cm；寬 4.0cm；厚 0.7cm】

　　力士人身獸腳，裸體上舉一平板，與帛畫中地底下的畫像相同，與傳說中，地是由大力士上舉而不致於下沉相似。此一力士生動劃分陰間與陽間，地上與地下之分野，因力士之存在而得以知曉黃泉之情境。全器有褐色沁。

No.349

漢代青白玉金縷衣¹

【長 7.2cm；寬 4.2cm；厚 0.8cm】

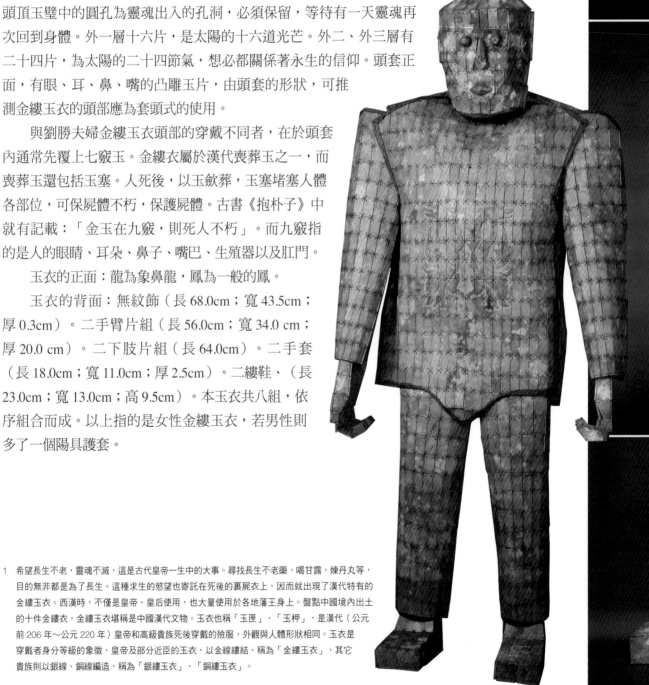

　　此二件金縷衣為漢代貴族夫婦所穿戴，由玉衣胸前的龍紋與鳳紋，可知為夫婦配對所使用。頭頂有一圓形玉璧，外一層有十六個玉片相連接。在夢想成仙得道的漢代當時，人們所做的一切努力都是為了實踐永生的觀念。頭頂玉璧中的圓孔為靈魂出入的孔洞，必須保留，等待有一天靈魂再次回到身體。外一層十六片，是太陽的十六道光芒。外二、外三層有二十四片，為太陽的二十四節氣，想必都關係著永生的信仰。頭套正面，有眼、耳、鼻、嘴的凸雕玉片，由頭套的形狀，可推測金縷玉衣的頭部應為套頭式的使用。

　　與劉勝夫婦金縷玉衣頭部的穿戴不同者，在於頭套內通常先覆上七竅玉。金縷衣屬於漢代喪葬玉之一，而喪葬玉還包括玉塞。人死後，以玉斂葬，玉塞堵塞人體各部位，可保屍體不朽，保護屍體。古書《抱朴子》中就有記載：「金玉在九竅，則死人不朽」。而九竅指的是人的眼睛、耳朵、鼻子、嘴巴、生殖器以及肛門。

　　玉衣的正面：龍為象鼻龍，鳳為一般的鳳。

　　玉衣的背面：無紋飾（長 68.0cm；寬 43.5cm；厚 0.3cm）。二手臂片組（長 56.0cm；寬 34.0 cm；厚 20.0 cm）。二下肢片組（長 64.0cm）。二手套（長 18.0cm；寬 11.0cm；厚 2.5cm）。二縷鞋、（長 23.0cm；寬 13.0cm；高 9.5cm）。本玉衣共八組，依序組合而成。以上指的是女性金縷玉衣，若男性則多了一個陽具護套。

1　希望長生不老，靈魂不滅，這是古代皇帝一生中的大事。尋找長生不老藥，喝甘露，煉丹丸等，目的無非都是為了長生。這種求生的慾望也寄託在死後的裹屍衣上，因而就出現了漢代特有的金縷玉衣。西漢時，不僅是皇帝、皇后使用，也大量使用於各地藩王身上。盤點中國境內出土的十件金縷衣，金縷玉衣堪稱是中國漢代文物。玉衣也稱「玉匣」、「玉柙」，是漢代（公元前 206 年～公元 220 年）皇帝和高級貴族死後穿戴的殮服，外觀與人體形狀相同。玉是穿戴者身分等級的象徵，皇帝及部分近臣的玉衣，以金線縷結，稱為「金縷玉衣」，其它貴族則以銀線、銅線編造，稱為「銀縷玉衣」、「銅縷玉衣」。

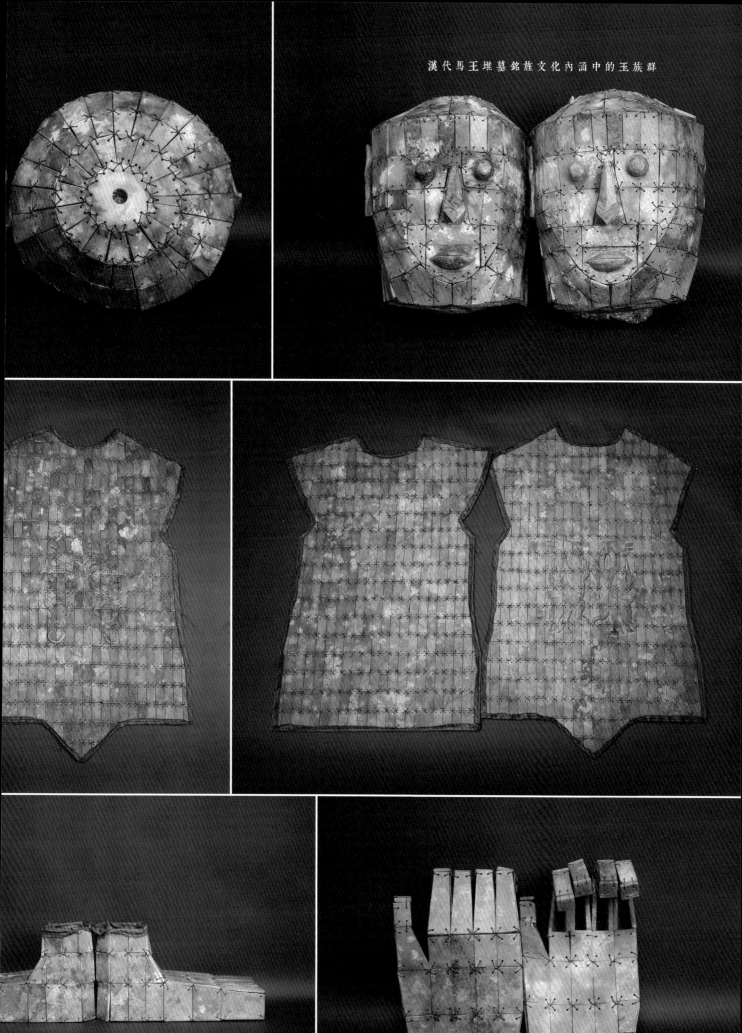

No.350

戰國青玉七竅玉

【眼蓋 4.5cm；耳塞 3.6cm；鼻塞 3.6cm；含蟬（口塞）4.2cm；肛塞 4.5cm】

　　七竅玉包括眼蓋、耳塞、鼻塞、含蟬（口塞）外加肛塞。由本件七竅玉的含蟬的雕工，可斷定為戰國蟬，比漢代之漢八刀更為簡練。整個青玉片充滿了陽起石再生結晶。通常在覆上金縷衣之前，會先覆上七竅玉。

漢八刀的玉雕藝術

翁仲、握豬、工字珮、玉蟬、八刀馬、漢八刀辟邪獸

　　漢代玉雕藝術創作在歷史演變的洪流中是不得不的必然結果。玉由遠古時期，巫、玉、神作爲神的崇拜的物媒（靈物、靈人），所有的玉器雕刻其主要的目的就是作爲祭祠用，並不是進行藝術創作，藉由玉的靈性來溝通神祖，祈求福祉。此時期約止於兩周時期，進入西周後，周公制禮，進行禮的改革，而以玉作六瑞（六器）以禮天、地、四方，以蒼璧禮天，以黃琮禮地，以青圭禮東方，以赤璋禮南方，以白琥禮西方，以玄璜禮北方。基本上，周至戰末，玉器並不脫離禮的範圍。在受到戰國時期戰亂的影響，漢代時的穩定與經濟繁榮，漸漸地脫離禮的約束，逐漸產出追求永生的概念。玉已經由禮器轉變成神靈之物（原始的道教），藉由對神靈之物的信仰，而進入藝術的創作範圍。由人物的玉雕可清楚地辨別戰漢兩國時期玉雕人物的明顯差異。由戰國時期的呆帶、方正，多以雲紋當作神仙的飾紋。

　　而漢時，此種飾紋已明顯地減少，而以各創作者理想中神格來創作雕刻。由此方向的演變至東漢時，更大量地產出玉雕的說唱俑、樂俑、舞俑。種種跡象可知玉神性的衰退。由祭天的禮器，玉璧來說，在東漢時已經轉變爲裝飾用的文字璧，漢代時玉雕的結構已經脫離禮的約束。周公的六瑞已變成漢代時的圭、璧、琮、璜的四瑞，而轉變爲君王的喜好。所以玉雕亦轉成活潑藝術創作。例如薩莫特拉斯的勝利女神雕像（Nike of Samothrace，如圖），在歷史的相同時間點上，具有相同的藝術追求的取向。薩莫特拉斯的勝利女神雕像（Nike os Samothrace）大理石雕刻高約 2.75 米，創作於西元前 190 年，原爲放在戰船的船頭上，以鼓舞戰士們的士氣。本件的雙臂已散失，僅找到一隻手掌。女神的衣服在狂風吹動下，飄拂抖動，部分貼在身上的衣著，將身體的曲線呈現無遺。本件雕像現藏於巴黎羅浮宮。

　　遠古時期，制作人像雕刻應做爲祭祠之用。其主要的目的並不是進行藝術創作，而是藉由創作物質材料中的靈性來通靈祖先或祈求福祉。在玉即神的年代，玉人，即爲神的代表。商代至戰國玉雕人物，受限於神性與政治性思想的雕工，人物雕刻上藝術性乏善可陳，但，如蠶繭的束縛，想要突破。直至西漢翁仲漢八刀法在其宗教束縛中表現著雕工的自我，翁仲玉雕，雕工呆滯爲常見戰國前玉雕的束縛，直至西漢雕工在此束縛之下以大斜刀方式來表現自我。遲至東漢時期，雕工們的思想在其雇主（貴族）的喜好之下，而拋棄了神性的束縛，而產生了新的創作，例如文字璧、說唱俑、舞俑。

米羅的維納斯雕像，
整體的曲線優美，
極具動感及表情柔和。
雖是大理石材料，
衣服的摺縐卻表現出輕盈、
自然飄浮的美感。

漢代玉雕藝術創作在歷史演變的洪流中，是不得不的必然結果。玉由遠古時期，巫、玉、神作為神的崇拜的物媒（靈物、靈人），所有的玉器雕刻其主要的目的就是作為祭祠用，並不是進行藝術創作，藉由玉的靈性來溝通神祖，祈求福祉，此時期約止於商周時期。進入西周後，周公制禮，進行禮的改革，而以玉作六瑞（六器），以禮天、地、四方，以蒼璧禮天，以黃琮禮地，以青圭禮東方，以赤璋禮南方，以白琥禮西方，以玄璜禮北方。基本上，周至戰末，玉器並不脫離禮的範圍。在受到戰國時期戰亂的影響，漢代時的穩定與經濟繁榮，漸漸地脫離禮教約束，逐漸產生出追求永生的觀念。此時玉已由禮器轉變成神靈之物（原始的道教），藉由對神靈之物的信仰，跨進藝術的創作範圍。

由人物的玉雕即可清楚辨別出戰漢兩個時期玉雕人物的明顯差異。由戰國時期的呆滯、方正，多以雲紋當作神仙的飾紋。而漢時，此種飾紋已明顯減少，改以各創作者理想中神格來創作雕刻。由此方向的演變至東漢時，更大量產出玉雕的說唱俑、樂俑、舞俑。種種跡象顯示出玉神性的衰退。由祭天的禮器玉璧來說，在東漢

時已轉變為裝飾用的文字璧。漢代時，玉雕的結構已脫離禮教約束。周公的六瑞已變成漢代時的圭、璧、琮、璜的四瑞，純粹就是為了君王的喜好，所以玉雕亦轉成活潑藝術創作。例如薩莫特拉斯的勝利女神雕像（Nike of Samothrace，如圖），在歷史的相同時間點上具有相同的藝術追求的取向。薩莫特拉斯的勝利女神雕像（Nike os Samothrace）大理石雕刻高約 2.75 米，創作於西元前 190 年，原為放在戰船的船頭上，用以鼓舞戰士們的士氣。本件的雙臂已散失，僅找到一隻手掌。女神的衣服在狂風吹動下，飄拂抖動，部分貼在身上的衣著，將身體的曲線呈現無遺。本件雕像現藏於巴黎羅浮宮。

遠古時期，製作人像雕刻多做為祭祠之用。其主要目的並非進行藝術創作，而是藉由創作物質材料中的靈性來通靈

祖先或祈求福祉。在玉即神的年代，玉人，即為神的代表。商代至戰國玉雕人物，受限於神性與政治性思想的雕工，人物雕刻上藝術性乏善可陳，例如蠶繭的束縛，實在不容易突破。直到西漢翁仲漢八刀法在其宗教束縛中表現著雕工的自我，翁仲玉雕，雕工呆滯為常見戰國前玉雕的束縛，西漢雕工在此束縛下，改以大斜刀方式來表現自我。遲至東漢時期，雕工們的思想在其雇主（貴族）的喜好左右下，逐漸拋棄神性的束縛，進而產生出全新的創作，例如文字璧、說唱俑、舞俑。

米羅的維納斯雕像（Venne de Milo）大理石雕刻，高約 2 米，一般公認它是公元前二世紀末時 Dnaxitèle 的作品。整體的曲線優美，極具動感及表情柔和。雖是大理石材料，衣服的摺縐卻表現出輕盈、自然飄浮的美感。現藏於巴黎羅浮宮。

No.351

漢代青玉翁仲一對

【高 7.7cm；寬 2.2cm；厚 1.4cm】

　　翁仲頭戴武冠，三角形臉，長鬍，以簡單的漢八刀雕工而成。其穿孔由兩袖，穿至頭頂，此種穿孔方式比起直接由頭頂貫穿至腳部的方法困難，但漢代多數的翁仲都以此鑽孔的方式完成，此舉倒不是為了藝術創作，而是藉由玉的靈性來溝通神祖、祈求福祉。此一觀念進而造成了簡單象形的漢八刀玉雕藝術，此種簡單造型藝術似乎與現代雕刻藝術相契合，例如朱銘的太極木雕系列。

No.352

漢代白玉翁仲及青白玉翁仲

【高 7.1cm；寬 2.5cm；厚 1.2cm】

　　白玉翁仲的髮髻有一橫穿孔，腰部亦有一橫穿孔，與一般翁仲的上下直穿孔不同，雕工簡單，已脫離漢八刀的樣式。青白玉翁仲有一上下直孔，三角形人首，已具有具體的五官與翁仲的簡單眼、口，已明顯的具體化。從這兩件玉雕可知，東漢時的翁仲玉雕已脫離西漢玉雕的制式，開始呈現活潑多樣的型態，與當時實際社會的人物形象，充分結合。

No.353

六朝灰白玉翁仲

【高 7.5cm；寬 3.3cm；厚 2.3cm】

　　翁仲戴武冠、著大袍，前有蔽膝，後有長綬帶，腰部有寬版腰帶，此形象應是當時大官之衣著形象。具體與前幾件翁仲是一脈相傳，可知翁仲的演變，亦可代表整個人物玉雕，開始由神話、單樣制式演變成活潑、多樣、生活化的人物玉雕。這可由後面幾件的說唱俑和漢代玉雕的演變過程，在整個中國雕塑藝術上或在世界各國中，只有獨一無二的漢代玉雕具有「氣」的內涵可看出。

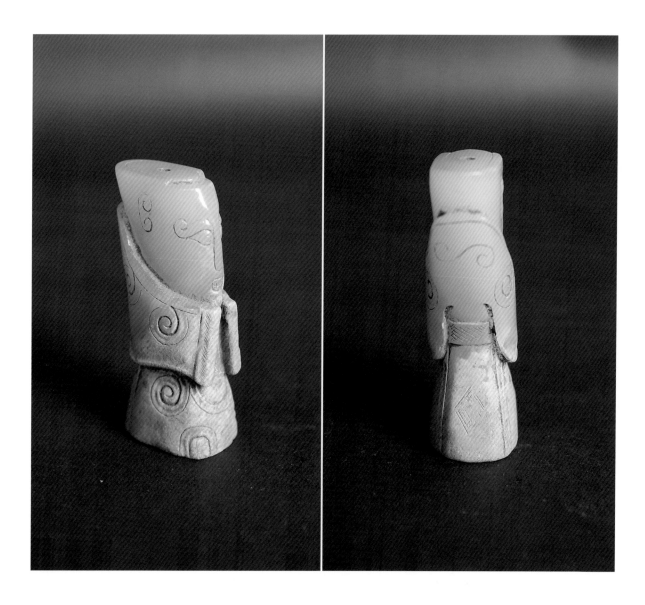

No.354

漢代青白玉握豬（三件）

（上）【長 11.2cm；寬 2.0cm；厚 2.2cm】
（中）【長 11.5cm；寬 2.4cm；厚 2.1cm】
（下）【長 10.3cm；寬 2.6cm；厚 2.5cm】

　　漢人在喪禮中的「握」便是「握豬」，表示墓主人希望在陰間仍然握有財富，如同今時死者手中所握的錢幣。但更深一層的意義是，漢代當時認為玉能保護身體不腐朽，手握玉豬，身著金縷玉衣，口有含蟬，都是希望能保護身體，使靈魂回身而復活，進而得永生。

　　三件握豬分別代表西漢、漢代中期與末期，玉雕工藝的演變，一樣都是漢八刀，但由抽象簡單、刀法犀利演變成寫實而弱化犀利刀法。

No.355

漢代白玉工字配
（二件）

（上）【長 2.5cm；寬 2.4cm；厚 1.0cm】
（下）【長 3.9cm；寬 3.9cm；厚 1.5cm】

　　工字珮與司南珮，剛卯一起作為避邪之物。工字珮是四方形，中間開線且有穿孔的形像「工」字的玉珮。本圖中的漢代白玉工字珮形體較小，都以漢八刀雕工精細打磨而成。流行至宋代時，工字珮出現了裝飾的瑞獸紋（螭龍），如下圖之宋代螭龍工字珮，樣式也變大。此兩件工字珮可互做比較。

No.356

漢代青白玉蟬
（二件）

（左）【高 6.2cm；寬 2.6cm；厚 0.6cm】
（右）【高 5.2cm；寬 206cm；厚 0.6cm】

　　漢代蟬風格明顯都以漢八刀雕工完成，精細的打磨使玉蟬感覺上更顯細膩精緻，即使是含蟬做為陪葬品亦是如此。蟬，若於蟬嘴處有穿孔，即為佩飾。若無穿孔，則為陪葬含於死者口中的含蟬，有期待再生的意涵。此兩件都有穿孔，應都為佩飾之用。

No.357

漢代青白玉漢八刀馬

【長 40.0cm；寬 28.0cm；厚 8.0cm】

　　本件玉馬，青白玉風化質變後，似漢白玉，全器是以商代風格的淺浮雕雲紋，外形曲線又以大刀闊斧的直線外形來表達。在未發現漢八刀辟邪獸前，筆者一直以為此件為商代石雕，待整理後才發現，馬後腿部有一漢代隸書「馬」字，故應是漢代之物。

　　細看玉質紋理，全器充滿著矽酸再結晶，應為漢代石的地方玉。以此漢八刀雕法與漢代漢八刀辟邪獸相比較，更可證明西漢時的漢八刀，不只用於翁仲、握豬、玉蟬等類的小件玉雕，此類型的大件漢八刀玉雕確實存在但屬少量。

No.358

漢代白玉白化紅沁梁王將軍令符

【長 18.0cm；寬 6.0cm；厚 2.5cm】

　　令符的外形以日纏西宮，白虎的外形亦是白虎下額刻有一圓璧，如虎抱璧，即是日纏西宮白虎，亦是春分之日的代表，是吉祥的代表。虎以雲紋代表虎毛，亦是代表吉祥。虎符內面雕有陽紋與陰紋「梁王將軍令」，內面（裡面）顏色鮮紅與外面的比較局部鮮紅，多處白化的沁色，這些紅色的部分為白化的沁色被布輪打亮後殘留的褐紅色鐵鏽沁。

　　「梁王將軍令」並不屬於西漢將軍番號之內，應只是屬於梁王之下的將軍之令。就如李廣跟隨大將軍周亞夫平定吳楚七國之亂，立下大功，在梁國大顯威名，李廣卻私下接受梁孝王特別頒贈的將軍印，所以班師回朝後，周亞夫全軍接受漢景帝的封賞，惟獨李廣並無任何賞賜，因李廣已犯了漢景帝的大忌。此「梁王將軍令」應與李廣獲梁孝王將軍令，有著異曲同工、相互印證之妙。此件「梁王將軍令」的發表，無論皮殼是否有布輪的打磨，都可代表漢代的歷史、文化、藝術等並不會因為市場上古玉收藏者（皮殼布輪的打亮）的認定而損傷其價值。文物就是文物，價值是不變的。

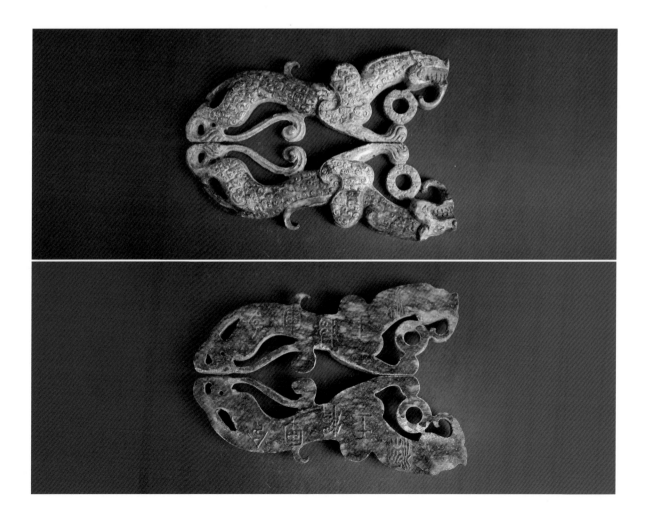

No.359

漢代青白玉漢八刀辟邪獸（之一）

【長 12.6cm；寬 11.0cm；高 4.5cm】

　　辟邪獸，雙角、分叉的雙尾，身軀有漢代 S 龍曲線，全器以漢八刀的手法，大刀闊斧辟出棱角棱線的身體外形，更能顯現辟邪獸的氣勢。此種漢八刀的手法，通常只見於西漢的翁仲與握豬的玉雕。此件玉雕能以大膽辟刀的手法完成一件複雜的辟邪獸，應屬戰國至西漢時宮廷內之作品。

　　辟邪獸，應屬戰國至西漢時宮廷內之作品。辟邪獸全身飾以陰刻的連雲紋，為秦代玉雕的風格。全器充滿再生結晶與褐色沁，但也有布輪打量過的痕跡。

No.360

漢代青白玉漢八刀辟邪獸（之二）　【長14.0cm；寬9.0cm；高4.5cm】

　　天祿單角，辟邪獸雙角，此獸雙角應稱辟邪獸，昂首挺胸，氣勢非凡，身軀雕以漢代S龍風格。全器以漢八刀的手法，棱角棱線的雕刻，首、角、胸、足。此漢八刀的手法見於西漢，如翁仲玉雕、握豬、工字佩、玉蟬，都以小件簡單的漢八刀手法，而此件複雜的漢八刀辟邪獸，誠屬難得。

　　全器雕以連雲紋，又具有秦代玉雕的風格，綜論此兩種雕刻手法合併在一起，此件作品應屬西漢初期之作品。

　　獸手勢與No.175「漢代青白玉戴繩箍冠人物雕像」的手勢相同。

漢代人物玉雕藝術

由神性轉變成人性

　　巫、玉、神，在遠古時期，大巫亦神，巫以玉饗神。《禮記・郊特牲》云「尸，神象也」。從遠古以來，留存至今的玉雕像，玉擁有神的靈性，所以玉雕像即是神象。人物玉雕應是模仿「尸」的形象而雕刻。何謂「尸」？《三禮辭典》，「尸，代死者受祭之人，謂之尸」，《五禮通考》云「尸，陳也者，神無象也、以尸陳之而已」。所以遠古時期，尸，是祖先像，亦是神靈之象也。「尸」的形象爲何？《儀禮》尸的動作，非坐即立。

　　《禮記・禮器》云「夏立尸而卒祭，殷坐尸」。殷坐尸，低頭、彎背（參考本書漢代青玉彩漆三星堆文化祭祠雕像）。尸東夷人坐姿，亦即商朝玉跪人的形象。而周立尸作爲祖先神像代表。而祭祀過程，「尸」則必須借助「祝」的巫師，來幫助人與神祖的溝通，祭神如神在，「尸」在祭禮中代表祖先親臨，藉由尸受祭，饗祭品，讓祭者達到心靈的滿足。

No.361

商前良渚文化青白玉作法 巫師玉雕像

【長 11.7cm；寬 3.8cm；厚 2.2cm】

　　良渚文化玉雕最重要的特徵為，以鯊魚牙尖端手工細雕的面部圖騰紋，手工繁複，特徵明顯，為後代的玉雕師傅無力模仿的雕工。或許，良渚文化在大禹毀滅族群後，並無傳此雕工於後世。玉雕，頭戴似飛鳥冠，臉以手工圖騰紋為代表。雙手舉於胸前（與凌家灘文化巫師像同），兩腳併靠直立，玉雕成半圓狀，前圓，後直背，頸部有一對穿孔。

　　全器黃褐色輝鐵礦沁，頭部、背部穿孔的上方，有一 2.0cm*0.4cm 的矽酸再結晶，如此巨大的內部再結晶，勢必經由長期的轉化才能形成。此件玉雕擁有凌家灘文化以及良渚文化的象徵，故可斷代為商前的玉雕，視為夏代神像，亦可作夏立尸而卒祭的證據。

No.362

商末青玉「日小乙」祖像

【高 14.0cm；寬 4.5cm；厚 3.3cm】

　　蹲坐人物像上有六字，以單斜坡雕刻完成，應是最早的單斜坡的雕法。胸前三字「日小乙」，「日」為商時商王諡祖先的尊稱，所以「日小乙」應是其子武丁，對死去父親的尊稱。（此件玉雕是所有人物玉雕中，刻有尊位人名的雕件）。

　　背部刻有「小乙、人鳳、射」三字。「小乙合字」、「人鳳」甲骨文合字、「射」字甲骨文字。「人鳳」為族名，應是東北九夷的陽夷，「射」字，應也是東夷族的一族—「射族」本雕件，頭戴矮冠，以簡單的壓地凸起的三圓形，代表「眼」與「口」，頭戴矮冠，雙手置於膝前，簡單樸素。

　　商周時期的正坐姿勢，實源於三代祖先祭祀儀式中的「尸祭」，「尸祭」的坐法稱為「尸坐」演化而為「坐如尸」，顯示出受祭之「尸坐」到「君子之坐」的空間變化，意為君子之坐應當效仿「尸坐」，嚴肅、安定之姿勢。此即神性、政治性的束縛。（「祭尸」，夏為「立尸」，商為「坐尸」，周「立尸」作為祖先「神象」）。

No.363

西周青玉尸神像

【高 15.7cm；寬 3.0cm；厚 1.1cm】

　　此件人物雕像，應是祖神像，身穿華裳，下有蔽膝。背部刻紋華麗，可證明應為華麗之服。扁圓形的陰刻淺浮雕人物雕像，是周代最常見之玉雕樣式。此件雕像受到神性的約束，而有木訥、呆滯的整體表現（夏立尸、坐尸、周立尸作為祖先神象）。

No.364

戰國青玉祭祀官

【高 20.0cm；寬 9.5cm；厚 7.6cm】

　　祭祀官，正坐，雙手持大圭，頭戴進賢冠，身穿錦袍深衣。錦袍繡有戰國時特有的狩獵圖，圖有大象、九尾狐。武士持長矛獵捕虎狼。正坐，其基本姿勢為雙膝著地，臀部坐於腳後跟是一種相對安逸的坐法。正坐作為日常生活領域的坐姿，實源於祭祀儀式中的「尸祭」。

　　「尸祭」是三代時就有的一種祭祀祖先的儀式。由「日小乙」雕像可知商時「尸祭」的正坐為蹲坐，演變至戰國時的跪坐（正坐）。本件作品，圓雕再加淺浮雕，也是受限於神性雕工的一種突破。

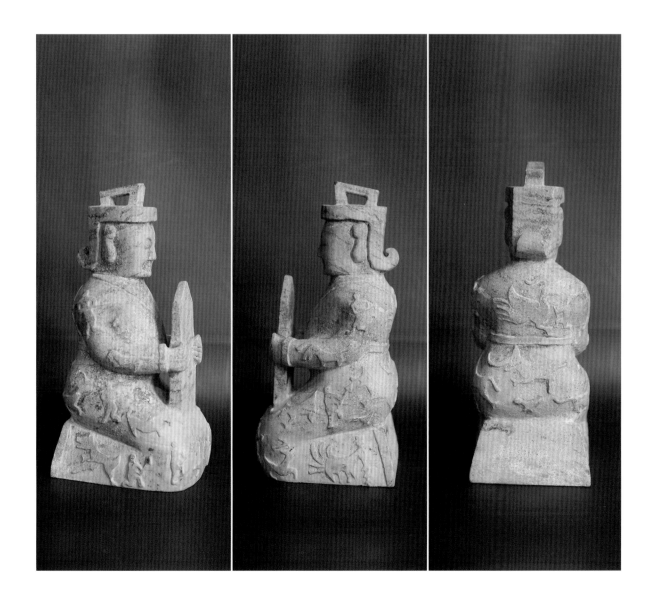

No.365

戰國青白玉戴武冠人物雕像

【高 21.0cm；寬 6.5cm；厚 4.5cm】

　　武人戴武冠著深衣，胸前雕有纓絡紋，應為繫武冠之用。腰部亦有纓絡紋繩飾。整件五官紋飾都以極淺浮雕來表現，可預測其為陪葬品，亦可看出其受神性限制的戰國雕刻品。這四件戰國前的玉雕件，可與下述漢代玉雕件作為比較。

　　根據《故宮文物》月刊第454期（2021年1月）中〈談院藏「玉文牧駝」〉一文（張志光 撰寫，p.82，圖4），戰國玉人，北京故宮博物院藏。與本件戰國青白玉戴武冠人物雕像，二者有諸多相似性，皆為戰國時期難得的玉雕作品。

No.366

西漢墨玉西王母玉雕像

【高 22.0cm；寬 9.0cm；厚 9.0cm】

　　直立的西王母雕像，外形還受限於戰國人物玉雕的框架。玉雕師傅受到當時風潮的影響，想要有自己的創作理念與技巧，故而創作了此件結合圓雕、深浮雕、淺浮雕的工序，表現在此件玉雕上。西王母雕像的五官扁平化（未脫離戰國人物玉雕的束縛），眼睛的形態，則帶有三星堆文物的影響。

　　整件玉雕風化嚴重，應是南方的坑口（楚玉）。西王母頭戴鳥冠，鳥尾成茱萸紋。雙手雕成雙鳥狀，此為薩滿教巫師與天溝通的法器（雙鳥）。首與手共為三青鳥，為西王母身邊服務之鳥。首戴「勝」為西王母的象徵（「勝」為大火心宿二之狀，與後期之「勝」有所不同。（作者研究，認為兩者都是日纏東宮蒼龍、大火心宿二之表徵）。雙袖以深浮雕方式雕出鳥形，以鳥尾代表袖口之飄逸之狀，與披肩往上捲，都是表現神威（氣的表現）。腰以大繩為繫，下裙前後各雕有獸面紋，此獸面紋炯炯有神，應是戰國至西漢的風格。西王母為漢代最主要的神祉，故此件玉器可斷代為西漢之作。

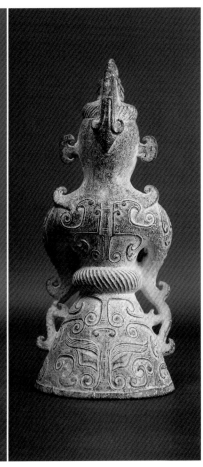

No.367

漢代白玉蚩尤像

【高 19.0cm；寬 13.0cm；厚 6.5cm】

　　秦朝在戰國時期統一天下，每次出征都必須祭祀兵主，此兵主即為蚩尤。一直到漢高祖平定天下，在他起事的家鄉（沛縣）拜土地公和蚩尤祠。天下安定，馬上就命當地謹治枌榆社，並立蚩尤祠於長安。蚩尤戰神兵主頭戴牛角與面具，雙手持劍，背有鳥翼，腳為獸腳，此即為戰漢時蚩尤的形象。

　　此件蚩尤像仍帶有莊嚴、神威的固定形象，但以脫離西王母形象，具有圓雕、淺浮雕、深浮雕一體雕象的風格，已完全是圓雕之像。此件蚩尤玉雕裡面的紋飾包含了許多戰漢早期文化祕碼，如劍上的五刻紋，即日晷，即太一劍。背後的鳥翼紋上的圈圈各自代表十二地支，牛角與面具等也都是傳說中的蚩尤內涵。詳細資料請參見《中華高古玉雕綜論》，p.205。

No.368

漢代青白玉蚩尤玉雕像

【高 20.5cm；寬 11.8cm；厚 3.0cm】

　　此件圓雕蚩尤像，雖以扁平化呈現，但仍由多處鏤空的方式來表現多層次的立體結構。此種雕法在漢代是既困難又創新的雕工（在龍鬚、手臂、翅膀交叉鏤空，產生多層次的立體視覺）。

　　傳說中的蚩尤四目八角，此件蚩尤像戴四目龍面具，而頭戴龍角與牛角。手扶龍鬚，下腹為葫蘆形，此形狀與漢時的盤古傳說有關，由此可見此件蚩尤像為蚩尤後裔九黎之族對祖先的雕像（視蚩尤為龍祖）。背部呈現的為鳥翼，寬厚腰帶為十弦紋，代表著天干，下為鳥尾裳，有十二鳥羽，代表著十二地支。天干、地支、五行陰陽學說等均是漢代重要的神仙之道。

No.369

漢代白玉牛首蚩尤像

【高 18.5cm；寬 5.0cm；厚 6.0cm】

　　此件圓雕牛首人身獸腳鳥翼尾的圖騰元素雕像，描述的就是兵主、戰神蚩尤。此件蚩尤玉雕所隱藏的蚩尤元素祕碼，已逐漸失落且不明顯，由此可見東漢此時的戰神已不受重視。與前面兩件蚩尤玉雕相比較，應可知雕刻年代的前後順序。

No.370

漢代青白玉紋身巫師雕像

【高 21.0cm；寬 6.0cm；厚 4.0cm】

　　直立巫師的假眉毛梳成龍角型，雙手置於腦後，以紋身表現出手背上的龍腹的紋路。腹部紋以龍首。背部，。腹部紋以龍首背部，雙臂紋以龍尾。全器正如漢代時的楚地《淮南子》裡所說，紋身是紋以蛟龍[1]。

1　中國有歷史可考的紋身，最早發源於越國，在《越絕書》和《墨子》裡都記載，當時越國禮法中都要刺紋身。

No.371

漢代青白玉人物油燈雕像

【長 20.5cm；寬 7.0cm；厚 5.5cm】

　　此人物油燈原器應為銅質，作實用器之用。本件玉雕連接吊燈的部分，有三個突起作為穿孔用，但實際上並無穿孔，故為陪葬品，專供死後象徵性的油燈。油燈玉雕，沁色、腐蝕、皮殼風化嚴重，就是玩玉的人認為的南方玉種，符合南蠻紋身的禮俗[1]，可斷定此器應是南方國度（楚國）人死後的陪葬品。全身以淺浮雕的雷紋、螺旋紋來代表文身的紋路。

1　居於東方者稱「東夷」，居於南方者稱「南蠻」，居於西方者稱「西戎」，居於北方者稱「北狄」。根據《禮記》記載，東夷與南蠻「被髮文身」（長髮、紋身）。

No.372

漢代白玉紋身仙人雕像

【高 22.5cm；寬 6.2cm；厚 5.2cm】v

　　跪姿玉雕，身有雙翼，故定位為仙人，如漢代其他仙人玉雕。本件玉雕裸身、露雙乳。手有手環，腳有腳環。紋身以黑與紅雙漆來表現。南方楚國祝融（北方火神），北方（黑）、火神（紅），代表楚漢的顏色。紋飾有鳳紋、鳥紋、鹿紋、蛇紋（遠古時蛇龜相通）代表四靈獸中的北獸。後臀部有麒麟紋，（麒麟有一角，代表五行中的中土）。背部畫有一人舞彩帶，此人的舞姿可以代表漢代時舞蹈的動感。仙人跪於一底座上，其前後繪有一跪坐人紋與雲紋，雙側則為茱萸太陽紋。

No.373

漢代青白玉說唱俑

【高 26.0cm；寬 7.0cm；厚 10.0cm】

　　玉說唱俑的出現，代表著玉的神性進入民間，亦代表著玉的宗教性與政治性在東漢時的貴族已不復被重視，轉而喜歡享受音樂玩樂，所以出現大量的樂俑、舞俑、說唱俑的玉雕件。與前面的玉雕相較之下，此件玉雕件顯現出更重視人的肢體表現，想表達的是人體的動作，在比硬度的玉件上想要表達人物的動態，其實是非常困難的。此件說唱俑右手拿響板，左手拿擊棍、吐舌、說唱、上體裸露、下穿露臀長褲，記載當時的市井娛樂人物。

No.374

漢代白玉蹲坐說唱俑

【高 8.5cm；寬 7.5cm；厚 4.0cm】

　　說唱俑坐於短座上，手舞足蹈，左手拿擊棍（已失），右手拿鼓，置於腋下，頭紮以汗巾，額紋深見，一幅當時低層百姓的風霜模樣。東漢此時在玉雕的藝術上，表現出前所未見的成就（脫離宗教性、政治性）。注重生活性、人性，充分表達人物的喜樂、動感，展現出工匠自我的表達方式。（東漢時說唱俑百花爭鳴，各種姿勢樣式的玉雕紛呈，此即藝術）過了東漢至明清，人物玉雕有呈衰弱之象。本件說唱俑全器表面上布滿銅綠沁、壽衣沁，相當醒目。

No.375

漢代青白玉說唱二人組玉雕像

（左）【高9.0cm；寬6.0cm；厚5.5cm】
（右）【高9.5cm；寬5.8cm；厚4.2cm】

　　二人，其一持槌與鼓，另一嘴吹牛角，兩者皆上身裸露，下穿襠褲，頭巾匝髮，雙手臂有綁帶，繫有物品，背部脊椎骨裸露。說唱俑是漢代典型的市井小民的娛樂，也受到貴族們的喜愛，這些遺留下來的說唱俑，應是貴族們平時喜歡而製成的玉雕玩件，由其玉質與雕工的精緻度，與信神如神在的簡單化陪葬俑製作的理念不同，而保存下來的玉俑形態也是不同。

No.376

漢代青白玉樂俑組之一：擊鑼俑

【高 10.5cm；寬 9.0cm；厚 4.0cm】

　　擊鑼俑，蹲坐右膝跪於右，左膝伸於前，前後交錯，似有所動。左手微舉銅鑼於腰際，右手併指，屈臂懸空，呈正在擊鑼之狀，有如照相機般記錄。樂師蓄勢待發瞬間，擊鑼的姿態，此即東漢玉雕的精華「動」與「氣」。背部蹲坐之姿，可穩定細腰的曲線與手部的動態。

No.377

漢代青白玉樂俑組之二：撫琴俑 【高 11.5cm；寬 8.3cm；厚 4.5cm】

　　樂俑五人一組，琴、鑼、鼓、笙、響木。五人皆戴圓冠，身著左襟右衽深衣，應是宮廷或貴族們小宴的樂師（與說唱俑有所區別），前者可以演奏具有旋律的樂曲，後者只是增顯說唱的效果。此五件樂俑把東漢的人物玉雕表現得淋漓盡致，可說是中華人物玉雕藝術的最高峰。

　　東漢玉雕在人物的動態已經脫離前朝呆滯形象，充分表現出中華文化最重視的「氣」。「氣」可說是中華文化的精神，由文化期、夏、商、周各個時期，皆有其內涵表現，尤其在戰、漢時期，對於玉雕的「氣」更為重視，也更為突出。戰國玉雕的「氣」深藏在精緻玉雕內，不易察覺，只有老收藏家才能體會戰國的「氣」，而西漢延續戰國的內涵，所以西漢早期的玉雕與戰國時期的作品，並不容易區別。

　　發展至東漢時，更重視器物的（運動）感，而此時更想表達「氣」的存在。「氣」與「動」聯結在一起，即為玉雕的最高峰。撫琴俑盤坐，古琴置於膝前，雙手蓄勢而發的狀態，帶動寬袖的飄揚，手指向下，亦有表現撫琴下彈那一剎那之姿，雙眼沈醉，口微張，可知正在吟唱。在如此堅硬的和闐玉上，想要表現出如此精緻的動態感，實為藝術的最高成就。背部整個形態，流暢穩重，深衣的形態雕成的底座平穩且曲線流暢，與曲線形的雙臂融合一體，連背部都雕得如此藝術，可說是絕無僅有。此件作品可以媲美同時間點西方的薩莫特拉斯的勝利女神雕刻藝術的取向，全器有鐵鏽沁，古琴右前端有白化現象。

No.378

漢代青白玉樂俑組之三：擊鼓俑 擊鼓俑【高 10.5cm；寬 8.0cm；厚 4.5cm】

　　擊鼓俑，跪坐，右腳屈膝向左前，左腳屈膝於後，身體傾斜於右，左手抱樂鼓，置於左腰際，右手持擊鼓棒，且姆指按於鼓沿來控制音量。整件作品向右傾斜，頭置中央，藉由玉鼓的重量來調整玉雕件的重心，雖傾斜但穩如泰山。

No.379

漢代青白玉樂俑組之四：吹笙俑 【高 10.0cm；寬 6.3cm；厚 4.0cm】

　　吹笙俑，跪坐於右腳跟，左腳屈膝前伸，身體曲躬向前，就笙的吹口，雙手撫笙，以嘴左側吹笙，身體曲線傾斜，一幅自我陶醉之狀，全器鐵鏽沁嚴重。

No.380

漢代青白玉樂俑組之五：擊響木俑 【高9.3cm；寬9.5cm；厚4.0cm】

　　擊響木俑，左腳屈伸於前，右腳平放，身體坐於右腳上。響木置於左腿，左手虎口張開緊握響木，身體重心置於後方，身體微微向前，右手持擊棍置於腰際，呈正擊鼓狀。此五件樂俑的雕刻師傅，對於樂俑的細微動作都鉅細靡遺的表現出來，如撫琴的下擊之姿的手勢，擊鑼俑併指手，擊鼓俑的左手拇指按鼓沿，吹笙俑的雙手緊抱笙，擊響木俑，左手虎口張握響木，都是師傅深諳樂曲，由五樂俑的姿勢，可知此作者為樂曲的演奏者。

No.381

漢代青白玉博戲圖

【高 3.5cm；寬 3.5cm；厚 2.5cm】

六博戲為從戰國到六朝時流行的遊戲，兩人或四人局戲，以多得籌為勝。此四件小玉人，收藏者本以為是漢時流行的說唱俑，因為從未見過此類型玉雕的說唱俑人物，但由廣西西林普馱糧站西漢銅鼓墓跽坐俑（六博戲圖）人物的手勢才知是為六博四人局戲組。兩者手貼臉頰，一人跽坐，屈膝凭幾，一人手持籌箸筒，四人一組，各有所司，戰局可成。

另補後置棋盤於中間。四件小玉人，腦後作散髮，一總束之，髮飾作總髮而垂下，深衣跽坐，各有動作。漢代人物玉雕由於深衣的裙襬會雕刻三角形的尾座來穩固整個人物玉雕，此為漢代人物玉雕的特色。

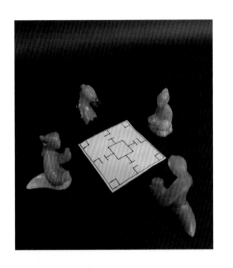

361

No.382

戰國青銅鑲鉗白玉六博盤

【長 22.8cm；寬 22.8cm；厚 0.7cm】

　　六博為戰漢時，士大夫們喜歡的擲採行棋的博奕遊戲。流傳至今的文物，大多為漢代的銅器或是陶器（綠釉陶）的作品。六博一直延續到六朝還是相當興盛，此六博棋盤為戰國時期之物，與漢代時使用的六博棋盤有所差異。基本上，漢代的棋盤就如漢代 LTV 銅鏡裡面的紋飾，與戰國的六棋盤，其 LTV 有所改變，但基本結構是相同的。

　　本件棋盤四個角度為虎紋。LT 的部分，糾龍四尾的淺浮雕，圍著中間方形交叉的獸面紋圖。此四角棋盤鑲有九塊方形玉片。上左、上右與下左、下右同圖案，上左，四角落虎紋，二相對的獸面紋，一單首雙尾龍（蚩尤龍、肥遺龍）。上中與中左、中右與下中同一圖案。中間方形玉片斜對角，四尾糾龍圖，內有 LT 紋。斜對角交叉形成四個三角形，其內飾以獸面紋，獸面朝內。銅座兩端有六個紅個紅色瑪瑙珠，四周包覆著穀紋。此為難得的漢時六博棋盤與 LTV 銅鏡的源頭。由出土眾多的 LTV 銅鏡可見六博遊戲在當時風迷的程度。

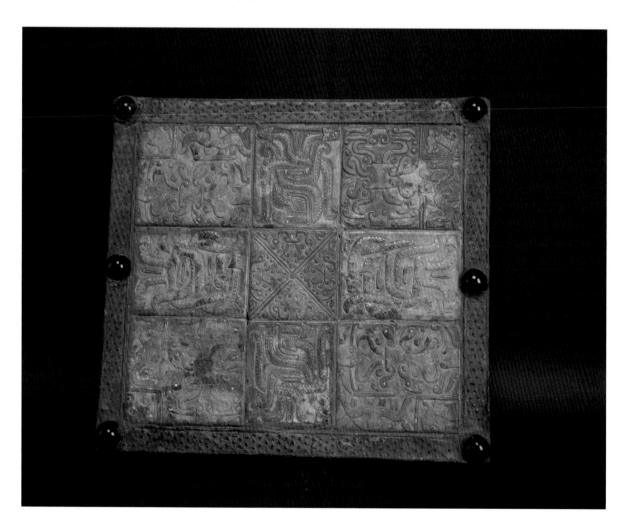

漢代三星堆祭祀文化　彩漆玉雕

No.383

漢代青玉彩漆三星堆文化祭祠巫師像

【高 52.0 cm；寬 20.0 cm；厚 9.5 cm】

　　巫師像分九段組合，頭、胸、腳、兩隻手臂、兩個手掌、平台、底座。彩漆以黑色為底色，飾有金色、橘色、紅色、深藍色、淺藍色、綠色等色。頭頂金色皂帽，六瓣形，代表陰（或月）。手握雙拳，似舉火把，代表燭龍手握紅色雙龍（參看《山海經註》）。正面部份，綠色右襟，橘色左衽。上襟右邊有五隻商周蟬紋。左邊飾一戴胡帽的胡人，是穿高腳屐。背面部份，手臂有商時火龍紋[1]。

　　腰部有一紅色綠眼火龍紋。下裳，正面部份，左右各有一紅色、綠色商周蟬紋。背面部分有「子子孫孫永寶用」小篆文。側邊有金色回紋。底部四腳有八字「蜀」字的甲骨文。各種色彩的白蜀蟲的臣字眼與尾身。組成四個獸面紋[2]。手有金色雙鐲，腳有金色雙環。兩耳垂各穿有一洞，此一耳洞應掛有特殊意義的裝飾物，因時間久遠而掉落，否則不會在堅硬的玉器上鑽有一洞。

1　黃帝、昌意、顓頊、窮蟬，此為黃帝族譜。顓頊生祝融，此為巴蜀的族譜，是否窮蟬就是祝融，因本件巫師雕像上有祝融火把、窮蟬紋飾，可見窮蟬與祝融有一定的關係。

2　白蜀蟲產生的白臘為商代時最好的燃料。根據《蜀王本紀》和《華陽國志》等古籍記載，古蜀國曾先後經過蠶叢、柏灌、魚鳧、杜宇、開明諸部族建立的王朝。

No.384

漢代青白玉巴蜀文化巫師燈座

【高 10.5cm；寬 9.0cm；厚 4.0cm】

　　本器分七段，即油燈、頭部、上身、雙手、下身、底座。青玉質紅化白色部分為青玉石灰沁，頸部留有鐵鏽的黏著。巫師雙手平舉，手掌與手指形成握物狀，該物已消失，故呈中空。頭上頂一油燈盤。本件為巴蜀文化常見的油燈燈座。雙手原本應是握著火把[1]。

1　火把為白蠟蟲分泌出來的臘質，可作為火把及油燈的燃料，無煙、無味。在商朝時已是最好的照明物質，相傳巴蜀的祖先燭龍，即為祝融的特徵，所以此物應是祭祠燭龍的禮器。

No.385

漢代巴蜀地區青玉彩漆持圭
祭祠雕像

【高 36.0 ㎝；寬 8.0 ㎝；厚 9.0 ㎝】

　　人首，頭為黑色，綠眉，紅眼，紫鼻，紅色大嘴，金色的耳朵，色彩豐富，極為怪異。身穿漢代戰甲，上為紫色，中為綠色，下為紅色，罩於紫色大袍之外。身穿青色下褲，紫色靴子，立於一方座之上。頭頂剃光，漆為黑色，應是髡髮，與持琮巫（參看本書 P.368）相較，可知應為髡髮狀態。圭上刻有一字，應為「婦」字，代表「魚婦」是為顓頊。此持圭雕像為主祭，顏色與其他三尊雕像，即持璧、持琮、持璜有所不同。

No.386

漢代巴蜀地區青玉彩漆巫覡持璧祭祠雕像

【高 37.5 ㎝；寬 9.0 ㎝；厚 8.0 ㎝】

　　本件雕像，人首，頭戴冠飾（三星堆特殊的冠飾，與本書 P.387 的人首相同）。頭頂黑色髭髮，與持圭巫雕像同。身穿黑色彩金邊戰甲，內穿綠色大袍，腳穿紅色褲子，黑色靴子。雙手持金色大璧於身前，璧上陰刻雲紋，全器彩漆施以金邊紅線，原器當初必定燦爛輝煌，如此的藝術瑰寶保留至今，能使我們一窺當時漢代的美學。

No.387

漢代巴蜀地區青玉彩漆巫覡
持琮祭祠雕像

【高 37.0 ㎝；寬 9.0 ㎝；厚 8.0 ㎝】

　　巫覡髡髮，頭上剃光，只留後腦，披髮之像。身穿黑色戰甲，內穿綠色大袍，青色褲子，黑色靴子。全身飾以金邊紅線。雙手持金色大琮於身前。

No.388

漢代巴蜀地區青玉彩漆巫覡持璜祭祠雕像

【高 36.5 ㎝；寬 9.0 ㎝；厚 8.0 ㎝】

　　本件雕像，人首髡髮，頭戴芙蓉冠。黑色戰甲，施以金邊。內穿綠色大袍，紅褲子，腳著黑色靴子。雙手持金色大璜於身前。璜上有陰刻雲紋與連雲紋。芙蓉冠有綠色、紅色、藍色共七片。

No.389

漢代巴蜀地區青玉彩漆
持笙樂俑雕像

【高 33.0 ㎝；寬 11.0 ㎝；厚 7.3 ㎝】

　　樂俑持笙，笙有兩個金色吹孔，十一個笙管，其上塗有紅、綠、藍三色。樂俑身穿黑色深衣，其上漆有紅色金邊魚龍及連雲紋。梳單髻，髻上束有金色髮圈。坐於彩色圓凳之上，圓凳漆有金邊藍色龍鳳紋。

No.390

漢代巴蜀地區青玉彩漆持膝鼓樂俑雕像

【高 32.0 ㎝；寬 12.0 ㎝；厚 8.0 ㎝】

　　樂俑持膝鼓，雙手各拿金色鼓棒，置於鼓面上。身穿黑色深衣，其上漆有紅色金邊魚龍及雲紋。頭上梳單髻，其上束有金色髮圈。坐於彩色圓凳之上，圓凳漆有金邊藍色龍鳳紋。樂俑背後有一藍色腰帶，帶上漆有龍鳳紋。

No.391

漢代巴蜀地區青玉彩漆
持葫蘆形類壎樂俑雕像

【高 33.0 ㎝；寬 12.0 ㎝；厚 8.5 ㎝】

　　樂俑持葫蘆形類薰樂器。身穿黑色深衣，其上漆有紅色金邊魚龍及雲紋。頭上梳單髻，髻上束有金色髮圈。坐於彩色圓凳之上，圓凳漆有金邊藍色龍鳳紋。樂俑背後有藍色腰帶，帶上漆有龍鳳紋。

No.392

漢代巴蜀地區青玉彩漆
持鈸樂俑雕像

【高 33.0 ㎝；寬 12.0 ㎝；厚 8.0 ㎝】

　　樂俑雙手持鈸，身穿黑色深衣，其上漆有紅色帶金邊魚龍及雲紋。樂俑梳單髻，髻上有金色髮圈。坐於彩色圓凳之上，圓凳漆有金邊藍色龍鳳紋。樂俑背後有一藍色腰帶，帶上漆有龍鳳紋。

No.393

漢代巴蜀地區青玉彩漆
持膝琴樂俑雕像

【高 33.0 cm；寬 12.5 cm；厚 7.5 cm】

　　樂俑身穿黑色深衣，其上漆有紅色金邊魚龍及雲紋。頭上梳單髻，髻上有金色髮圈。樂俑坐於彩色圓凳之上，膝上置放一膝琴。圓凳漆有金邊藍色龍鳳紋。背後有藍色腰帶，其上漆有龍鳳紋。

No.394

漢代巴蜀地區青玉彩漆
持嗩吶樂俑雕像

【高 33.0 ㎝；寬 12.5 ㎝；厚 8.5 ㎝】

樂俑持嗩吶樂器，身穿黑色深衣，其上漆有紅色金邊魚龍及雲紋。樂俑梳單髻，髻上束有金色髮圈。坐於彩色圓凳之上，圓凳漆有金邊藍色龍鳳紋。樂俑背後有一藍色腰帶，其上漆有龍鳳紋。

No.395

漢代巴蜀地區青玉彩漆
持長信宮燈雕像

【高 23.0 ㎝；寬 12.5 ㎝；厚 8.0 ㎝】

　　長信宮燈，民俗稱為長明燈，作為死者靈魂返回墳墓指路之用。持長信宮燈雕像應左、右各有一座，惟收藏者只整理右邊的雕像。當初全器彩漆後，置於墓中，經過漫長的歲月，雕像嚴重包覆了鐵鏽，整理困難，因此只整理了右邊的長信宮燈。

No.396

漢代青玉彩漆三星堆文化
載壺巫師雕像

【高 37.5 cm；寬 10.0 cm；厚 6.8 cm】

　　直立巫師，雙手鳥袖為巫師的特徵，就如今日的薩滿巫師以鳥通靈，所以漢代玉雕中常見的鳥袖或龍袖，都是巫師祭祠當中的通靈狀態。巫師身穿大袍蔽膝，索狀腰帶。此巫師身上衣服有紫色、藍色、綠色、金色、紅色、粉紅色等色。綠色連球狀物，應為巴蜀地區的白臘虫產生的臘，在上古時期是最優質的燃燒臘質，無煙、無臭。載壺應是內裝祭拜物品，如酒或白臘（由於「蜀」字，即是白臘蟲），故壺內，可能為巴蜀地區最為珍貴的特產，白臘蟲臘。

No.397

漢代青玉彩漆三星堆文化舞女雕像【高 31.0 ㎝；寬 25.0 ㎝；厚 9.0 ㎝】

　　舞女身穿寬袖彩漆大袍，頭飾金色假髮髻。大袍上漆有紅色、金色、綠色、藍色、橘色等色。右袖的部份有紅色鏈球狀物，亦是蜀蟲的白臟形狀。（三星堆的彩漆人物雕像的樂俑有十多人；但舞俑只收到此件，似乎不成比例，應有更多姿態的舞俑才合理）。

No.398

漢代青玉彩漆三星堆文化巫師雕像 【高 35.0 ㎝；寬 9.0 ㎝；厚 7.5 ㎝】

　　直立巫師身穿黑色大袍，其上有紅色金邊的蜀虫枝紋。頭戴魚鷺帽。雙袖皆為鳥袖，為巫師造型。

No.399

漢代青玉彩漆官婦供養人雕像 　【高 39.0 ㎝；寬 9.0 ㎝；厚 9.5 ㎝】

　　直立官婦供養人，左手作拳置於腰左，右手五指直豎相著置於胸前施火天印。官婦身穿華麗黑色大袍，大袍上繡有九隻紅色魚龍紋。頭戴魚鳧帽（魚鳧是巴蜀地區的圖騰，蜀王之中，曾有一任是魚鳧氏，故魚鳧[1] 為八蜀地區的圖騰）。

1　魚鳧即今之鸕鶿。

No.400

漢代巴蜀地區青玉彩漆供養人
的隨從雕像

【高 36.0 cm；寬 8.2 cm；厚 7.8 cm】

　　供養人像常見於六朝北方石窟中。施堅實合掌印[1] 雙手合十，亦為常見的佛教供養人的姿態。本件雕像身穿紫色深衣大袍，但緊袖喇叭袖口。巴蜀地區在大乘佛教傳入時間上，早於北方的小乘佛教，約在漢代。而漢傳佛教以大乘佛教為主流。本雕像的紋漆有紅色、深藍色、金邊。

1　為什麼要合掌？自古，印度人認為右手為「神聖之手」，左手為「不淨之手」，故日常生活中，有分別使用兩手之習慣，比如持食物專以右手，而拭汙穢以左手。然若兩手合而為一，就代表「神聖面」與「不淨面」合一，代表種種「對立」，雙方的融合為一，恢復本來一體的真實面目。也代表宇宙的真相道理（實相無二，亦無不二）。般若心經中的「不垢不淨」，亦如此意，故藉合掌來表現人類最真實的本來面目。禮佛或平時見面合掌，即代表「以真誠面目相見」，消除內心種種「隔閡」「對立」，彼此之心融通一如。

No.401

漢代青玉彩漆三星堆文化祭祠尸祖雕像

【高 23.0 ㎝；寬 12.0 ㎝；厚 11.5 ㎝】

祖神像低頭彎背跪姿，雙手置於膝前，頭上梳漢代流行的墮馬髻。身穿黑色祭袍，但祭袍正面繪紅色金邊商代魚龍紋。身上繡有十一個字，有紅色、綠色、藍色淺浮雕紋。祭司腳底繡有陰陽太極紋。禮失求之能野，此件為商代坐尸最好形象（三星堆彩漆人像保留了最好的商朝文化。）

No.402

漢代青玉彩漆三星堆文化獻祭侍女雕像（三件）

（左）【高 32.0 ㎝；長 11.5 ㎝；寬 8.5 ㎝】
（中）【高 33.0 ㎝；長 10.5 ㎝；寬 9.5 ㎝】
（右）【高 33.0 ㎝；長 12.3 ㎝；寬 8.5 ㎝】

　　獻魚之直立侍女，單髻，緊身衣裳，黑底，其上有藍、綠纏枝紅色小花。侍女莊重而活潑，獻祭之物為雙魚，應是代表月亮（此乃作者研判）。三件獻祭侍女的獻禮，應一併審視其代表的意義。葫蘆代表盤古（胡），代表宇宙的天地狀。羊代表「陽」（即「日」），也是代表西南地區伏羲炎帝族（羌族），所以三件獻禮一併考慮是祭祠日、月、天地。

No.403

漢代青玉彩漆三星堆文化供養人
隨從雕像

【高 34.50 ㎝；長 8.5 ㎝；寬 8.5 ㎝】

　　本件直立雕像，身穿紫色深衣大袍，緊袖喇叭袖口，頭上梳一髮髻，束以一金色髮帶。雕像上的紋漆有紫色、深藍色以及金邊。全器有明顯的鐵鏽沉積物。欲將之清理，實為難事。

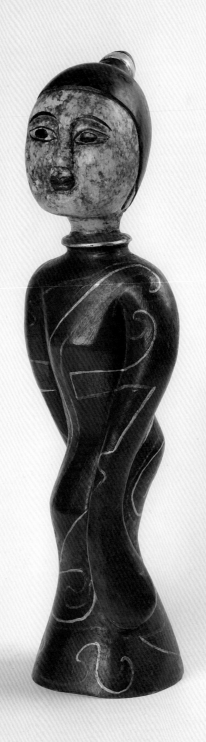

漢代巴蜀地區

祭祀祖玉

漢代巴蜀地區祭祠組玉（青玉）八件：（一）蠶叢氏面具一件；（二）人首玉雕件兩件，可能爲柏灌王及魚鳧王；（三）鱉靈一件；（四）開明帝一件；（五）祭司兩件；（六）巫舞一件。

蠶叢氏是古蜀國的第一朝代，第二朝代爲柏灌氏，第三朝代爲魚鳧時期，第四朝代爲開明時期。且於西元前316年爲秦國所滅，結束了古蜀國。祭司兩件與滿城漢墓（西漢中山靖王墓，約西元前113年）的金銅說唱俑相似。兩件祭司可佐證此祭祀組玉爲西漢初年之物。巫舞玉人，可以看出巫祝之舞，但其雕工明顯是戰國至東漢之玉雕舞人。

No.404

漢代青玉蠶叢氏面具

【長 9.0cm；寬 6.2cm；厚 2.6cm】

　　中國古代稱面具為「魌頭」，可存亡者魂氣，亦可驅鬼逐疫。巫祝或祭司戴上面具就可以和上帝、鬼神和亡靈溝通[1]。商代人表現靈魂的「鬼」字是一個戴面具跪坐的祈禱者巫祝或祭司。巫祝或祭司戴上代表上神或祖先亡靈的面具，就能獲得超自然的神力。

　　此件玉面具尺寸雖小，但漢代人的觀念亦是有相同的靈力。此件玉雕已喪失原始三星堆蠶叢面具的精神，可明顯知道其為後代之作。（由祭司可知本件為漢代玉雕。蠶叢氏，縱眼、大耳面具後面刻有凹槽。）

1　參考《三星耀天府》一書，周新華著（浙江大學出版社）。

No.405

漢代青玉人首玉雕

【高 36.0 ㎝；寬 8.2 ㎝；厚 7.8 ㎝】

　　兩件無穿孔的玉雕人首，應是安裝在某種物質的人身之上。上圖之人首，頭髮中分、圓柱狀頭、雲紋耳、圓柱狀的頸部、全器無穿孔。下圖之人首，頭戴紐旋狀織物纏頭，圓錐狀頭，錐狀頸部，全器無穿孔。

　　其功用可參考已出土的三星堆青銅人頭的使用方法，應配以木質或泥塑身軀陳設使用[1]。

1　也可能是鑲嵌在宗教祭祀性質的建築物上，也不能排除直接擺放在祭祠場所的土台、祭台或祭壇上使用的可能性。

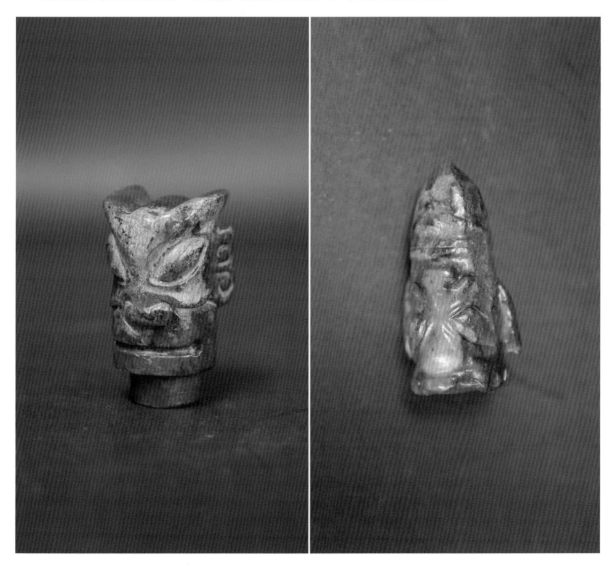

No.406

漢代青玉鱉靈「尸」

漢代青玉鱉靈「尸」【長 5.5cm；寬 3.3cm；高 2.7cm】

　　開明氏，傳說古蜀國的國王，鱉靈，荊人。傳說鱉靈死，其尸流亡，江水至成都，見蜀王杜宇，宇立為相，旋授以國位，號開明（即開明王朝）。

　　商朝時，代死者受祭之人，謂之「尸」。《禮記‧郊特牲》云：「尸，神像也」。商朝「尸」的形象為低頭、彎背，綜合此玉件為「尸」，為「神象」，為「鱉靈」，「死，其尸流亡，江水上」。

No.407

漢代青玉開明虎

【長：7.0cm；寬 4.0cm；高 3.0cm】

　　在蜀地，傳說中開明獸本是禍國殃民的怪獸，後來被鱉靈降服，死後上天，並為建國立功，鱉靈有感其功，遂在建國後自稱開明氏。也有說法是，開明氏乃是古蜀國賢王，死後上天，這才化作開明獸。（據《竹書記年》則稱，開明獸是服侍西王母的靈獸）。這兩件玉雕（鱉靈、開明獸）要同時併論，才能指出即為古蜀國的開明王朝。兩件玉雕側身的三角形迴紋是三星堆的圖騰紋。開明虎無雕孔。「尸」帽頂上有一穿孔，可作佩戴用。

No.408

漢代青玉祭司雕像（兩件）

（左）【長 8.0cm；寬 5.8cm；高 4.1cm】
（右）【長 7.7cm；寬 5.2cm；高 4.1cm】

　　漢代滿城墓，又名中山靖王墓，曾出土類似形的銅製（說唱俑），可知兩件祭司應為漢代之作。綜觀巴蜀地區的祭祀祖玉，此兩件祭司被認為是說唱俑，實有不妥之處。祭祠為重要嚴肅禮儀的主祭，雖都為說唱之姿，但其神聖莊嚴場所（一為國祭，一為民間娛樂）卻是天差地別。中山靖王墓的銅製人，學者皆曰為說唱俑，但無其它佐證，只能暫定為說唱俑。

　　巴蜀地區的八件組玉，此兩件祭司雕像，不應歸類為說唱俑。此兩件暗綠色的玉人，頸部有穿孔；淡褐色玉人則無穿孔。祭司雕像的嘴形與《三星堆耀天府》（周新華 著）p.94 的青銅跪坐人像相同。祭司的右手擺至於右耳下，似乎是在傾聽上天的聲音。玉人頭戴三角形帽，身著半邊架裟，右胸袒露，此種形象與現今的西藏喇嘛相似（是否為苯教薩滿的形象？）

No.409

漢代青玉巫舞人玉雕像

【長 9.7cm；寬 4.0cm；高 2.6cm】

　　舞人手足舞蹈，雕刻技術不夠成熟，腳的部分，知其翹腳之姿，但無法明顯區別，上下半比例不合諧，只知是個舞人。巫祝頭戴圓帽，其帽與《三星堆耀天府》p.4（周新華 著）所描述的金面銅人頭像圓帽相同。此八件祭祀祖玉，都圍繞著三星堆古蜀國的傳說與文化內涵，理應歸類為古蜀國（漢代）後裔的祭祀禮玉。

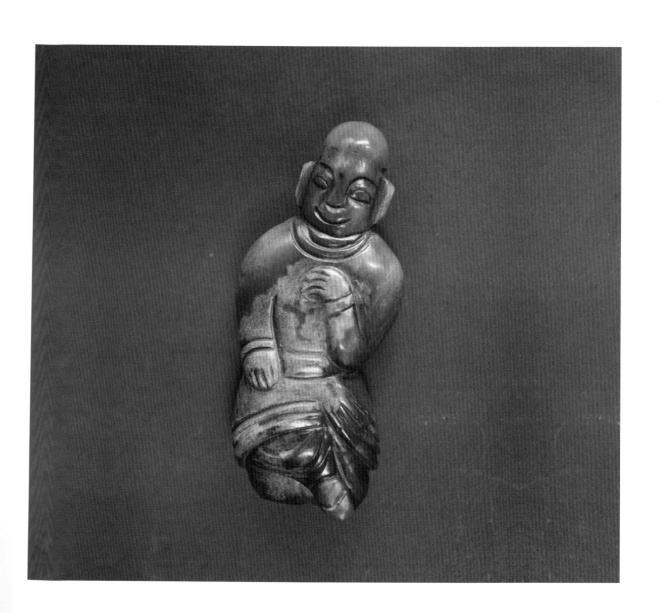

愛生活 39

漢代玉雕綜論

作　　　　者　劉嶔琦 LIU Chin Chi、方勝利 FANG Sheng Lih
視 覺 設 計　李思瑤
主　　　編　林憶純
行 銷 企 劃　葉蘭芳

第五編輯部總監　梁芳春
董 事 長　趙政岷
出　　　版　者　時報文化出版企業股份有限公司
　　　　　　　108019 台北市和平西路三段 240 號
發 行 專 線　（02）2306-6842
讀 者 服 務 專 線　0800-231-705、（02）2304-7103
讀 者 服 務 傳 真　（02）2304-6858
郵　　　撥　19344724 時報文化出版公司

信　　　箱　10899 臺北華江橋郵局第 99 信箱
時 報 悅 讀 網　www.readingtimes.com.tw
電 子 郵 箱　yoho@readingtimes.com.tw
法 律 顧 問　理律法律事務所　陳長文律師、李念祖律師
印　　　刷　和楹印刷有限公司
初 版 一 刷　2022 年 1 月
定　　　價　新台幣 3,600 元（缺頁或破損的書，請寄回更換）

時報文化出版公司成立於 1975 年，並於 1999 年股票上櫃公開發行，
於 2008 年脫離中時集團非屬旺中，以「尊重智慧與創意的文化事業」
為信念。

漢代玉雕綜論 / 劉嶔琦, 方勝利作 . -- 初版 . –
臺北市 : 時報文化出版企業股份有限公司 , 2022.01
400 面 ; 27*29.5 公分
ISBN 978-957-13-9560-9(軟精裝)
1. 玉器 2. 玉雕 3. 漢代 4. 文集
794.407　　　110016581

ISBN 978-957-13-9560-9
Printed in Taiwan